◎海上风力发电站

◎重水工厂博物馆

◎ 斯塔万格市中心

◎ 奥斯陆峡湾游轮

◎ 挪威森林

挪威投资贸易指南

中国驻挪威使馆经济商务参赞处　编

中国商务出版社

图书在版编目（CIP）数据

挪威投资贸易指南/中国驻挪威使馆经济商务参赞
处编. —北京：中国商务出版社，2010.2

ISBN 978-7-5103-0225-1

Ⅰ.①挪… Ⅱ.①中… Ⅲ.①投资环境—挪威—指南
②对外贸易—挪威—指南 Ⅳ.①
F153.3 –62 ②F755.33 –62

中国版本图书馆 CIP 数据核字（2010）第 028251 号

挪威投资贸易指南

NUOWEI TOUZI MAOYI ZHINAN

中国驻挪威使馆经济商务参赞处　编

出　　版：中国商务出版社
发　　行：北京中商图出版物发行有限责任公司
社　　址：北京市东城区安定门外大街东后巷 28 号
邮　　编：100710
电　　话：010—64269744（编辑室）
　　　　　010—64283818（发行部）
网　　址：www. cctpress. com
邮　　箱：cctp@ cctpress. com
照　　排：卓越无限
印　　刷：北京高岭印刷有限公司
开　　本：787 毫米×1092 毫米　1/16
印　　张：6.5　字　数：96 千字
版　　次：2010 年 3 月第 1 版　　2010 年 3 月第 1 次印刷

书　　号：ISBN 978-7-5103-0225-1
定　　价：22.00 元

编 委 会

主 编　周　萍

编 委　王　彬　兰乃洪　丁东兴

　　　　余金保　于浩龙

序

挪威位于北欧斯堪的纳维亚半岛，面积 38.5 万平方公里，人口 484 万人，2008 年人均 GDP 超过 9 万美元。自 2001 年至 2008 年曾连续七年被联合国评为最适宜居住的国家。

挪威人口少，国家小，经济门类并不齐全，但挪威经济具有其独特的优势和特色。首先，挪威的油气资源十分丰富，总贮藏量达 132 亿标准立方米油当量。挪威拥有世界一流的海上油气勘探、开采技术和设备。挪威国家石油公司（Statoil）实力雄厚，不仅活跃在北海、挪威海、巴伦支海，还积极参与世界各地海上油气勘探开发活动。其次，挪威海岸线长达 83 281 公里（包括峡湾和岛屿），其水产捕捞和养殖区域为挪威大陆面积的 6 倍，渔业资源非常丰富。特别是 1994 年以后，随着挪威海水养殖技术的提高，水产养殖业抗病鱼选育和疫苗广泛使用，抗生素使用量大幅下降，水产养殖产量大幅提高。此外，挪威海事、造船、航运业具有悠久历史，为世界第五大航运国。挪威森林覆盖面积广，林木产量高，木材加工产品大多用于出口。挪威水力资源丰富，全国用电量的 99% 来自水力发电。近几年，挪威信息通信业已成为挪威先锋高科技产业，电子政务和电子商务极为普及。

挪威是西方国家中首批与我国建交的国家，自 1954 年建交以来，双方经贸合作取得长足发展。据我国海关统计，2009 年，中挪贸易额为 57.3 亿美元，其中我国从挪威进口约 30.6 亿美元、我国向挪出口约 26.7 亿美元。我国已成为挪第三大传统商品（不包括油气、船舶和钻井平台）供应国。截至 2009 年 6 月底，挪在华投资项目已达 330 个，实际利用外资超过 3.53 亿美元。同时，我国中资机构在挪威的业务进展顺利。中兴、华为、联想、中远、江苏英特曼等中资企业在挪经营顺利。2008 年 9 月，中海油田服务股份有限公司（COSL）成功收购挪威 Awilco 海上钻井服务公司 100% 股权，总金额达

127 亿挪威克朗（约 25 亿美元）。

挪威十分重视对华关系。2007 年 3 月，挪承认我国市场经济地位，成为继冰岛之后第二个承认我国市场经济地位的欧洲国家。2008 年 9 月，中挪正式启动自贸区谈判，此举将进一步提升双边业已存在的良好经贸合作关系。截至 2009 年 12 月底，双方已进行六轮谈判。

为便于国内企业了解挪威市场环境、挪威投资环境，我们组织编写了《挪威投资贸易指南》。书中难免不准确、不妥当，甚至错误之处，恳请读者不吝赐教。

作　者

2010 年 2 月

导　言

《挪威投资贸易指南》将告诉你：

在你准备赴挪威进行投资贸易合作之前，你是否对挪威有足够的了解？那里的政治、经济和社会文化环境如何？有哪些行业适合投资合作？投资合作的商务成本是否有竞争力？应该怎样办理审批手续？当地规范外国投资合作的法律、法规有哪些？在挪威开展投资合作特别应该注意哪些问题？一旦遇到困难该怎么办？如何与当地政府、议会、工会、居民以及执法部门打交道？

该指南将为你提供上述基本信息，成为你了解挪威的向导。该书共分七章，分别解答了以下几方面的问题：

挪威是个什么样的国家

到挪威投资合作的吸引力有多大

挪威对外国投资合作的法规和政策

在挪威开展投资合作的相关手续

中国企业到挪威开展投资合作应注意的问题

中国企业如何在挪威建立和谐关系

中国企业/人员在当地遇到困难怎么办

读者可以通过该指南提供的相关渠道，对所关心的信息和最新动态进行进一步了解。

目　录

第一章　挪威是个什么样的国家

一、挪威的昨天和今天

挪威的人类居住史可追溯到公元前 9 000 年，欧洲大陆人从陆上和海上来这里定居。公元 8 世纪至 11 世纪是挪威航海史上一个鼎盛时期，也称为"维京时期"（Viking），该时期海盗猖獗，也称为"海盗时期"。公元 9 世纪末，有着"长发美男"之称的金发王哈拉尔开始统一挪威大业，最终征服了挪威，成为第一个统一挪威的国王。公元 14 世纪，挪威经济大衰退，无法同丹麦、瑞典封建主抗衡，开始了丹麦、瑞典、挪威三国结成以丹麦为首的联盟统治，挪威命运完全由丹麦主宰。19 世纪初，丹麦与法国拿破仑结盟，与英国开战，挪威作为丹麦附属国也被拖进了灾难之中。英国封锁了挪威海岸，主要粮食和原材料物资运不进来，仅 1807—1809 年的 3 年中，有 7 万余挪威人饿死。当时瑞典加入了反法同盟，1814 年瑞典攻入丹麦，迫使丹麦将挪威割让给瑞典。同年 5 月 17 日，当时挪威总督在奥斯陆以北 70 公里的小城埃兹福德召开了立宪大会，通过了挪威宪法。后因瑞典武力干涉，11 月挪威议会拥戴瑞典国王为挪威国王，瑞挪联盟从此形成。1905 年挪威举行全民公决，赞同解除与瑞典联盟关系，邀请丹麦王子卡尔·达茨基为挪威国王，并改称为哈康七世国王。第一次世界大战期间，挪威保持中立；但第二次世界大战，德国出兵占领了挪威全境。哈康国王流亡英国，1945 年 6 月，返回挪威。1957 年 9 月 21 日，哈康国王去世，奥拉夫五世继位。1991 年 1 月 17 日，奥拉夫五世去世，现任国王哈拉尔五世（King Harald V）继位至今。

挪威（Norge）本意是"通往北方的路"，挪威使用的语言是属日尔曼语支系中的北欧分支。19 世纪后半叶，先后出现了一批探险家、文学家、绘画家和音乐家。探险家弗里德约夫·南森和他的"奋进号"考察船抵达了北纬

1

86 度 14 分的北极地区；探险家罗阿尔·阿蒙森驾驶由弗里德约夫·南森提供的"奋进号"向南出发，抵达了南纬 71 度 41 分的南极地区。戏剧作家亨里克·易卜生创作的《玩偶之家》享誉世界。绘画家爱德华·蒙克大胆的绘画技巧和色彩运用，绘画出人类恐惧、孤独，描绘了人类欢乐、爱情、生命和死亡。音乐家里卡尔·诺德罗克 1864 年完成了挪威国歌旋律的创作，音乐家爱德华·格里格充分发展了挪威民间音乐中的合声与节奏，向世人展现出充满色彩的变化的合声和诗一般的旋律。20 世纪雕塑家古斯塔夫·维格朗众多作品至今仍摆放在维格朗公园。

今天的挪威是一个高度发达的工业化国家。自 20 世纪 70 年代发现海洋石油以来，油气工业在挪威经济中占有主导地位。此外，挪威渔业、森林、水力资源非常丰富。挪威的造船、航运业历史悠久，为世界上第五大航运国。近几年，挪威信息通信业已成为挪威先锋高科技产业，挪威电信（Telenor）公司是世界第六大移动电话供应商。2008 年挪威 GDP 达 4 500 亿美元，人均超过 9 万美元，是世界上最富裕的国家之一。

目前，挪威是欧洲自由贸易联盟（EFTA）成员（包括挪威、冰岛、列支敦士登和瑞士），虽未加入欧盟，但与欧盟达成了"欧洲经济区"（EEA）协定。根据该协定，挪威执行欧盟指令，并每年向欧盟提供经济援助，以此获得进入欧盟市场，实现同欧盟成员国间货物、服务、资金和人员的自由流动。

二、挪威地理环境

（一）地理位置

挪威位于欧洲大陆西北角，斯堪的纳维亚半岛的西北部，西面与北面濒临北大西洋，东面与俄罗斯（边界长 196 公里）、芬兰（边界长 727 公里）、瑞典（边界长 1 619 公里）接壤，南面与丹麦隔海相望。国土面积为 38.5 万平方公里，其中本土面积 32.4 万平方公里、斯瓦尔巴德群岛 6.1 万平方公里、扬马延岛 377 平方公里。挪威国土面积欧洲排名第六，居俄罗斯、乌克兰、法国、西班牙和瑞典之后。

挪威奥斯陆时间与英国格林威治标准时区相差 +1 小时，与北京时间差

−7 个小时。通常，每年 3 月底至 10 月底实施夏时制，这期间挪威奥斯陆时间与标准时间相差 +2 个小时，与北京时间差 −6 小时。

（二）行政区划

挪威全国划分 19 个郡（市），首都奥斯陆市，东部 7 个郡，分别为阿克斯胡斯郡、东福尔郡、西福尔郡、布斯克吕郡、特勒马克郡、海德马克郡、奥普兰郡；南部 2 个郡为东阿格德尔郡和西阿格德尔郡；西部 4 个郡，分别为松恩弗尤达纳郡、莫雷罗姆斯达尔郡、霍达兰郡、罗格兰郡；中部 2 个郡为北特伦德拉格郡和南特伦德拉格郡；北部 3 个郡，分别为诺尔兰郡、特隆姆斯郡和芬马克郡。

挪威超过 10 万人口的城市有 5 个，分别是奥斯陆、卑尔根、特隆海姆、斯塔万格和巴伦。

首都奥斯陆位于挪威本土东南部的奥斯陆海湾内，面积 454 平方公里，人口 50 多万人，是挪威政府、王室所在地及全国政治、经济、商业、金融、工业、交通和科学文化中心。主要景点有维格朗雕塑公园、毫门口伦跳雪台、阿克斯胡斯城堡、奋进号极地探险船博物馆、海盗船博物馆、议会大厦、王宫和奥斯陆市政厅等。

挪威第二大城市卑尔根位于挪威西南海岸，濒临大西洋，坐落在高山与峡湾之间的卑尔根，周围散落着 7 座高山，故有"七山之城"之称。面积 465 平方公里，人口 23 万人。卑尔根港是挪威最大的港口，也是欧洲最大港口之一。位于卑尔根的海洋研究所是欧洲第二大研究所，其海洋养殖、海事研究处于世界领先水平。卑尔根是通向挪威美丽峡湾的主要门户之一，拥有挪威最大的游览船。主要景点有汉萨商号建筑群、格里格特罗豪根故居和水族馆等。

挪威第三大城市特隆海姆位于挪威中部，面积 587 平方公里，人口近 17 万人，是挪威著名的教育、科技和医疗研究中心。挪威科技大学（NTNU）和挪威科学与工业研究所（SINTEF）均设立在特隆海姆。主要景点有克里斯蒂安斯特城堡、尼德罗斯大教堂、特隆海姆艺术博物馆、科技博物馆等。

挪威第四大城市斯塔万格位于挪威西南部，面积 71 平方公里，人口 12

万人，是挪威著名石油之都。挪威石油管理局、石油安全局和国家石油公司总部都设立在斯塔万格。主要景点有斯塔万格古镇、斯塔万格教堂和挪威石油博物馆等。

挪威第五大城市巴伦是阿克斯胡斯郡的郡府，位于首都奥斯陆市西部，面积192平方公里，人口近11万人。巴伦经济以零售、工程和公共服务为主，是挪威较为富庶地区之一。

（三）自然资源

挪威有丰富的油气、渔业、林业、水电等自然资源。

【石油和天然气】根据挪威石油管理局资料，挪威油气资源总储量为相当于132亿吨标准立方米油当量，其中已开发48亿吨，已探明52亿吨，还有约32亿吨未探明，分别为36%、39%和25%。油气贮量世界排名第十八位。2008年石油产量为1.23亿标准立方米油当量（1标准立方米油当量=0.84吨），天然气9 923万标准立方米油当量（1标准立方米油当量=1 000立方米），年产油气总值达6 600亿克朗（1 198亿美元），油气出口总值6 038亿克朗（约1 096亿美元），占挪威货物出口总值的50.48%。2008年，挪威是世界第十一大油气生产国、原油出口量名列世界第五，天然气出口量名列世界第三。

【海产品】挪威海岸线长达83 281公里（包括峡湾和岛屿），其水产捕捞和养殖区域为挪威大陆面积的6倍。挪威共有海洋捕捞船7 300多艘，水产品捕捞量约234万吨，货值119亿克朗（约22亿美元），主要品种有马鲛鱼、鳕鱼和鲱鱼；水产养殖场1 509处，主要养殖三文鱼和鳕鱼等，养殖水产品达82.8万吨，货值174亿克朗（约31亿美元）。挪威水产品总产量世界排名第十四位，但其水产品的95%供出口。2009年，挪威出口海产品260万吨，货值447亿克朗（约77亿美元），占全部出口货值的4.3%。其主要出口地为欧盟（占62%）、俄罗斯（占9%）和日本（占4%）、中国（2%）等。2009年水产品出口量世界排名第四，仅次于中国、泰国和越南。

【林业】长期以来，挪威林业一直发挥着重要作用。在过去80年内，每年砍伐林木体积较为稳定，但种植面积翻倍。木材储量中云杉占50%、松树

30%、阔叶林占 20%。2009 年，挪威森林面积达 1.2 亿公顷，占全国国土面积的 38%，商业砍伐 820 万立方米，产值达 442 亿克朗（约 80 亿美元），占挪威工业产值的 5.5%，占 GDP 的 1.9%。

【水电】挪威大约有 4 000 个河流水系，年约可利用水电资源约 1 800 亿度。因保护自然等原因，约有 455 亿度水电资源禁止开发。2008 年挪威发电量为 1 370 亿度，其中水电达 1 350 亿度，占 99% 左右。挪威水电发电量世界排名第六、欧洲排名第一。

（四）四季气候

挪威受来自墨西哥湾的大西洋暖流影响，温度比同纬度的其他地区要高得多，多数港口冬季不结冰，雨量充沛，全国年平均降雨量约 1 000 毫米。首都奥斯陆年平均气温摄氏 10 度左右，冬季气温摄氏零下 5 度至零上 5 度，夏季摄氏 15~25 度。挪威西部地区属海洋性气候，夏季凉爽湿润、冬季温和多雪；东部地区由于有中部山脉做屏障，属内陆性气候，冬暖夏凉。挪威地处高纬度，光照时间随季节变化大。夏季昼长、夜短，冬季相反。北极圈以北地区仲夏不见黑夜，而冬季有段时间则终日不见太阳。

（五）人口分布

2009 年 1 月 10 日，挪威人口总数为 4 842 700 人，全球排名第一百一十七位，欧洲排名第二十四位。

表 1-1　挪威主要郡市及人口分布（2009 年）

行政区域	人口总数	百分比（%）	主要城市名
首都奥斯陆	575 475	11.8	奥斯陆
阿克斯胡斯郡	527 625	10.9	巴伦
霍达兰郡	469 631	9.8	卑尔根
罗格兰郡	420 574	8.7	斯塔万格、桑德内斯
南特伦德拉格郡	282 993	6.0	特隆海姆
东福尔郡	265 458	5.6	萨普斯堡、弗雷德里克斯塔

续 表

行政区域	人口总数	百分比（%）	主要城市名
布斯克吕郡	254 634	5.3	德拉门、陵格里克
莫雷罗姆斯达尔郡	248 727	5.2	莫尔德、奥勒松
诺尔兰郡	234 996	5.0	博多、日安纳
西福尔郡	229 134	4.8	散纳菲尤尔、拉尔维克
海德马克郡	190 071	4.0	哈马尔、日英萨克
奥普兰郡	184 288	3.9	利勒哈默、约维克
特勒马克郡	167 568	3.5	普司格鲁恩、希恩
西阿格德尔郡	168 633	3.5	克里斯蒂安桑、曼达尔
特隆姆斯郡	155 553	3.3	特隆姆瑟、哈尔斯塔
北特伦德拉格郡	130 708	2.7	斯坦舍尔
松恩弗尤达纳郡	106 457	2.2	弗尔德
东阿格德尔郡	107 359	2.2	格里姆斯塔、阿伦达尔
芬马克郡	72 492	1.5	南瓦日安格、阿尔塔

资料来源：挪威统计局

三、挪威的政治环境

（一）政治制度

【政体】君主立宪，多党制

【国家元首】国王哈拉尔五世（Harald V），1991 年 1 月 21 日即位。

【重要节日】国庆日是 5 月 17 日（纪念 1814 年 5 月 17 日通过第一部宪法）。

【政治】当前挪威政局稳定。现政府于 2009 年 10 月由工党、社会主义左翼党和中间党联合组成。执政以来，积极兑现竞选诺言，改革行政机构，提高政府决策、办事、应对突发事件和跨部门协调能力，树立高效、创新、亲民的形象。

【宪法】现行宪法于 1814 年 5 月 17 日通过，后经多次修订。宪法规定挪威实行君主立宪制。国王为国家元首兼武装部队统帅，并提名首相人选，但无权解散议会。

【议会】国家立法机构，采用比例代表直选制。由 169 名议员组成，任期四年。分上下两院，上院由全体议员的 1/4 组成，除制定法律先由下院后由上院讨论外，其他问题均由两院合并讨论。本届议会于 2009 年 9 月选出，工党 64 席，进步党 41 席，保守党 30 席，社会主义左翼党 11 席，基督教人民党 10 席，中间党 11 席，自由党 2 席。议长达格·特尔耶·安德森（Dag Terje Andersen，工党），2009 年 10 月就任。

【司法机构】法院独立行使职能，分三级：最高法院，6 个高等法院，93 个区、市初审法院。此外还设有劳资纠纷法院、社会保障法院、土地认证法院等。最高法院设 1 名院长和 18 名大法官，院长为图尔·谢（Tore Schei），2002 年就任。检察院隶属司法部，总检察长为托尔·阿克塞尔·布什（Tor-Aksel Busch），1997 年就任。

（二）主要党派

挪威全国有 20 多个注册政党，主要党派如下：

【工党（Labour Party）】执政党，1887 年成立，是挪威第一大党，第二次世界大战后主要执政党，在工会中有较大影响。对内主张实行福利社会，实现充分就业、可持续发展、公正分配和加强社会福利社会制度。2009 年与社会主义左翼党、中间党组成联合政府，目前有 7 万多名党员。主席为延斯·斯托尔滕贝格。

【社会主义左翼党（Socialist Left Party）】执政党，1975 年成立。奉行激进的社会民主主义路线，反对加入欧盟，外交上对美国相对独立，注重环保。现有党员近 1 万人。主席克里斯廷·哈尔沃森（女）。

【中间党（Centre Party）】执政党，1920 年成立。代表农场主和家庭农户利益，坚决反对加入欧盟。约有党员 2.3 万人。现任主席利夫·西格纳·拿瓦萨特（Liv Signe Navarsete）。

【进步党（Progress Party）】在野党，议会第二大党。1973 年成立。对外国移民和申请避难者态度较苛刻，赞成加入欧盟，主张减税。约有 1.2 万名党员。近年来支持率持续上升。主席西芙·延森（Siv Jensen，女）。

【保守党（Conservative Party）】在野党，1884 年成立。代表金融、航运和工商业大垄断资本利益，强调自由市场竞争，坚定拥护加入欧盟。目前有 6.7 万名党员。主席埃尔纳·索尔贝格（Erna Solberg，女）。

【基督教人民党（Christian Democratic Party）】在野党，1933 年成立。维护基督教传统道德观念，反对加入欧盟，支持向发展中国家提供经援。约有 5 万多名党员。主席达格芬·赫布罗腾（Dagfinn Hoeybraaten）。

【自由党（Liberal Party）】在野党，1884 年成立，是挪历史上最早的政党，曾经历多次分裂。代表中小资产阶级利益，反对极端垄断和社会化，主张国际参与。约有党员 7 400 人。主席拉尔斯·斯蓬海姆（Lars Sponheim）。

其他政党还有：挪威共产党（Norwegian Communist Party）、红色选举联盟（RV）、绿党（The Green Party）等。

（三）外交关系

挪威外交政策主张国际社会应建立新秩序，以维护全球和平与安全、确保人权进步和经济可持续发展。认为近年来非传统安全因素对国际关系的影响趋于上升，呼吁国际社会充分重视非传统安全威胁，提高自身应对能力并加强此领域的国际合作。

积极参与联合国维和与重建行动，大力推动联合国改革。积极参与打击恐怖主义和有组织犯罪的国际合作，认为应加大预防性投入，消除冲突根源。支持联合国"千年发展计划"，主张增加对发展中国家的援助。

【同我国的关系】1954 年 10 月 5 日与俄国建交。建交以后，两国关系正常。20 世纪 80 年代两国关系有较大发展。进入 90 年代，双方高层互访频繁，在各个领域的合作迅速发展。1996 年和 1997 年，江泽民主席和挪国王哈拉尔五世实现互访。

近年来，中挪关系继续向前发展。2007 年 3 月，挪威首相斯托尔滕贝格率团访华，温家宝总理与其会谈，吴邦国委员长、曾庆红副主席分别会见，两国领导人就双边关系及共同关心的问题深入交换意见并达成广泛共识。双

方签署了关于挪威承认中国完全市场经济地位的谅解备忘录等协议。2008 年
9 月，双方启动自由贸易区谈判。

【同美国和北约的关系】同美国及北约保持密切合作是挪外交和安全政策
基石，视美国为最重要盟友。强调北约在欧洲安全政策上的主导作用，主张
加强跨大西洋纽带，支持对北约在防区外采取行动。

【同俄罗斯关系】关注俄罗斯政治经济走向，认为俄罗斯系最重要邻国，
希望俄罗斯国内保持稳定。愿全面加强同俄罗斯关系，尽快解决两国巴伦支
海划界问题。主张通过对话解决与俄罗斯在北部地区的资源纠纷。2007 年与
俄罗斯首次就巴伦支海南部约 70 平方公里海域的划界达成协议。

【同欧盟的关系】主张扩大泛欧合作，建立以北约为核心、欧盟国家辅
助、俄罗斯参与的新欧安机制，避免欧洲出现新分界线。支持欧安组织和欧
洲理事会，主张协助欧洲经济区（EEA）缩小其成员国间的社会及经济差异。
虽两次全民公决否决加入欧盟，但作为申根成员国，支持欧盟一体化，主张
积极加强同欧盟国家在各领域的合作。执行欧盟委员会指令比例高达 99.3%。
2005 年起派 150 人同瑞典、芬兰等国组成 1 500 人的作战部队，于 2008 年 1
月 1 日起执行欧盟军事任务。

【同亚洲及发展中国家的关系】日益重视亚洲，认为中国、印度的崛起将
进一步提升亚洲的国际影响力，视亚洲发展为机遇。

（四）政府机构

挪威本届政府于 2009 年 10 月 20 日成立，共 20 人，其中工党 12 人，社
会主义左翼党 4 人，中间党 4 人。主要内阁成员为：首相延斯·斯托尔滕贝
格（Jens Stoltenberg，工党）、财政大臣斯格比昂·约翰森（Sigbjørn Johnsen，
工党）、贸工大臣特隆德·吉斯克（Trond Gisk，工党）、石油大臣特莱里斯·
约翰森（Terje Riis-Johansen，中间党）、外援大臣艾里克·苏尔海姆（Erik
Solheim，社会主义左翼党）、外交大臣约纳斯·加尔·斯特勒（Jonas Gahr
Støre，工党）。

有关部委职能可以在 http：//www. regjeringen. no 上获得。

四、挪威社会文化环境

(一) 民族、语言和宗教

2009 年挪威人口约 484 万人，大多数属北欧人种。萨米族约 3 万人，主要分布在北部。大约有移民 26.6 万人。官方语言为挪威语，英语为通用语。90% 居民信奉基督教的路德教宗。

(二) 习俗

挪威人遵纪守法，诚信守时，尊妇爱幼，含蓄谦逊，卫生和环保意识很强。送礼较轻，饮食简单清淡，喜餐后甜食。挪法律禁止在室内吸烟，旅店、餐馆、商场、剧院等场所均不得吸烟，旅店客房及一些公共场所设有烟雾报警器。在公共场所注重公德和礼貌，依次排队，不高声喧哗。饭馆、酒吧不允自带酒水。挪商店周一至周六营业，周日和节假日关门。

挪威人酷爱户外运动，如远足、骑车、跑步、爬山、赛艇，尤其以擅长滑雪著称。而滑雪（ski）这个词就是来自挪威语。在国际体坛上，挪威人的冰雪运动处于世界领先水平。1994 年，挪威利勒哈默尔市成功举办了第十六届冬奥会。

(三) 科教和医疗

1998 年，挪威实行十年制义务教育。学校大多数为公立，公立大学免收学费。中央负责高等教育，地方负责中等和初等教育。挪威有高等院校 71 所，学生 20.4 万人。奥斯陆大学是挪威最大的综合性大学。此外还有卑尔根大学、挪威科技大学、特罗姆瑟大学、挪威生命科技大学、挪威商学院（BI）等著名高等学府。

2010 年教育预算约 689 亿挪威克朗，相当于全部预算的 5.55%。科研经费 40% 以上由政府提供，其余由科研单位自筹。主要研究机构为"挪威研究理事会"，下设六个部门，分别负责工业和能源、生物生产和改良、环境与发展、文化和社会、自然科学及技术方面的研究工作。

挪威有较高的生活水平和社会福利。男性平均寿命 78.2 岁；女性达 82.7 岁（2007 年统计结果）。引起 70 岁以下人员死亡的主要原因是癌症；引起 70 岁以上人员死亡的主要原因是心血管疾病。每年诊断出结核病约 250～350 例；艾滋病 250～300 例。每年约有 40 万人至 45 万人外伤需要治疗，其中约 5 万人须住院治疗。吸毒人员估计有 9 000 人至 12 000 人左右，其中在册吸毒人员达 4 500 人。

2008 年，挪威人均医疗卫生支出约 4 500 美元，名列经合组织国家第二，医疗卫生支出总额占挪威 GDP 的 8.7%。2008 年，挪威医疗卫生支出达 2 030 亿挪威克朗（约折 340 亿美元，人均 7 200 美元，包括汇率变动因素），其中公共支出占当年 GDP 的 7.6%，私人支出占当年 GDP 的 1.5%。挪威医疗设施和医疗保险制度完善，但只有纳入当地福利系统的长住居民方可享受免费医疗。如不享受免费医疗，医药费、服务费价格昂贵。临时短期访挪威，应在国内投保，险种可选"出国人员海外人身意外伤害保险"。

挪威平均每千人有小轿车 336 辆；移动电话用户占全国人口的 91%，82% 的居民家庭拥有个人电脑，99.8% 的居民可以使用宽带网。

（四）工会及其他主要非政府组织

【工会】挪威全国总工会（LO）于 1899 年 4 月 1 日成立，目前有大约 80 万会员，是挪威最大的劳工组织，对执政的工党影响较大。挪威全国总工会代表劳工协调解决工资制定、劳动关系、集体协议、集体谈判和争议调解等问题。

【NHO（挪威工商联合会）】NHO 是挪威最重要的产业雇主组织，代表制造业、服务业和手工业的各类公司，会员超过 16 000 名。NHO 主要业务活动包括三方面：一是推动政府制定有益于保持工商业繁荣的法规和产业政策，并确保工商业的经营环境与此目标保持一致。二是代表成员参加包括工资谈判在内的对外磋商活动。三是就各方面广泛的事务向成员提供建议，包括促进企业提高竞争力和经营利润，扩大企业的国际化经营等。主要是推动挪威企业的出口和国际化。

【挪中商会（NCCC）】挪威中国商会成立于 2006 年，致力于为挪中经贸发展和文化交流提供商务及社交平台，加强挪中同行业机构和企业之间的联系与往来，为两国间的经贸和商务团体创造合作机遇，拓展市场。商会的目标是成为挪中两国商贸团体间首选的、优良有效的沟通媒介。

网址：http://www.nccc.no

（五）主要媒体

挪威全国出版各种日报大约60种，日平均发行量217万份。另有其他报刊100余种。主要报纸有：《晚邮报》、《世界之路报》、《日报》、《卑尔根时报》等，其中发行量最大的《世界之路报》，日发行量36.5万份。

挪威通讯社（NTB）：1867年成立，非官方。

挪威国家广播公司（NRK）：1933年建立，分广播、电视两部分，隶属文化部。

2009年12月，新华社奥斯陆分社成立。

（六）社会治安

挪威社会福利制度完善，人民普遍遵纪守法，治安状况较好，抢劫、凶杀等恶性案件较少。但近年来，随着欧盟东扩后大量移民的涌入，社会治安情况有所恶化，外国游客财物失窃案时有发生，尤其是每年夏季6月至9月旅游旺季期间，盗窃分子活动猖獗。他们多为团伙，作案地点一般选择在机场、中心火车站、闹市区、饭店、餐馆等地。此类案件的破案率极低。挪威不存在反政府武装组织，当地居民可在拥有许可证的情况下持有猎枪。

我国赴挪威的公民要慎重选择当地旅行社。保管好护照、现金等重要物品。护照、证件等重要文件应备有复印件，并与原件分开存放。尽可能携带信用卡，少带现金。团组旅行时，证件、现金等不宜集中一人保管。坐车、就餐、购物、办事时，勿使财物脱离看护。

如护照丢失或被窃，应立即就近向当地警方报案，取得报案证明，然后到我国驻挪威大使馆申请补发旅行证件。因公团组应同时向国内派出单位汇报，取得指示。

遇有人身伤害等严重案件，除立即报警外，请即与中国大使馆取得联系，电话：0047 – 22146634，22493857。

（七）节假日

挪威实行 5 天工作制，周六和周日休息。主要假期如下：

1 月 1 日 新年假期，4 月复活节（每年日期不一），5 月 1 日 五一国际劳动节，5 月 17 日 国庆日（宪法日），6 月 20 日至 8 月 20 日 夏季公众假期，12 月 24 日至来年 1 月 1 日 圣诞节及新年。

第二章 到挪威投资合作的吸引力有多大

一、挪威近几年的经济表现

（一）投资吸引力

挪威投资环境的优势主要表现在：一是挪威市场经济比较发达，国民富裕程度高。作为欧洲自由贸易联盟（EFTA）成员，挪威按照 EFTA 与欧盟签订的欧洲经济区（EEA）协议，除农产品外，所有商品均可自由地进入欧盟市场。二是挪政府比较清廉，腐败现象较少。在挪威开办公司比较容易，注册费用较低。三是商业信誉比较好，做事较正规，遵守合同，尽管挪威公司对产品质量和服务要求苛刻，但价格较好，付款及时。经营成本预见性较强。四是资源较丰富。挪威石油、天然气、水电、渔业、森林等自然资源丰富，在油气、造船及船用设备、环保、清洁能源、信息通信、冶金、化工、渔业等领域有优势。五是拥有较强的研发能力。斯堪的纳维亚最大的独立研究机构挪威科技工业研究院（SINTEF）、奥斯陆大学和挪威科技大学均有很强的科研实力。挪威还有 12 个专业科学园区。为鼓励应用新技术，挪威政府还有相应的税收优惠政策。六是能提供现代和便捷的交通与通信系统。七是拥有高素质的劳动力。挪威人能比较熟练地运用英语。挪威人较平和、诚实、守法、讲信用，工作作风较严谨、认真、负责。工作专心，效率较高。

在世界经济论坛公布的 2008—2009 年度全球竞争力报告中，挪威居第十五位。该报告称挪威排名居前的主要原因是挪威经济稳定、健康，有较高的教育水平以及应用新技术的能力，影响排名的主要因素有铁路以及公路的基础设施较陈旧、政府的干预程度较高、初级教育质量以及数学教育水平较低，最不利的因素是劳动法导致的聘请和解雇员工困难以及严格的工资政策等。自 2001 年起，挪威在联合国开发计划署"世界最适宜居住的国家"评选中曾有 7 年名列榜首（2007 年被冰岛超过，位居第二）。

（二）宏观经济

挪威经济在过去 2002—2007 的六年中经历了自 1950 年以来最强劲的增长，大陆 GDP（指不含油气行业）年增幅为 5%。2008 年挪威工业生产总值达 1.61 万亿克朗，较上一年增长 2.6%。2009 年前三季度工业生产总值达 1.05 万亿克朗。最近传统出口商品增长减缓以及住房需求增幅的下降导致 GDP 增幅的下降，显示挪威经济增长已放缓，经济发展高峰期已过去，未来经济发展将更加温和。自 2003 年以来，挪威就业增长非常强劲，失业率创 20 年新低。由于金融危机的影响，目前失业率有所上升，但失业率仍处于较低水平。挪威经济增长减缓将有助于缓解劳工紧缺状况。2009 年挪威大陆 GDP 下降 1.1%，2010 年预计增长 2.1%。2009 年工资增幅 4%，2010 年预计在 3.5%。2009 年失业率为 3.2%。

2009 年以来，挪威经济整体面得到改善，及时走出回落，但经济增长主要来自于经济刺激方案的拉动，而非自主性增长。根据挪威统计局经济形势发展趋势报告，挪威经济在 2010 年将维持缓慢增长趋势，2011 年实现自身稳定增长。

由于全球经济还没有完全走出金融危机的影响，挪威政府将继续通过实施增加投资和向工业部门提供支持措施的方式，拉动经济维持低速增长的趋势，推动经济复苏。挪威社会保障体系健全，1/3 的就业人口服务于与公共部门有关的行业，在政府扩张财政支出政策影响下，挪威失业率将维持低位。挪威政府将继续增加投资，尤其是油气行业的投资，支持油气行业发展，稳定国家财政收入。挪威国内消费将保持稳定，国内零售市场将保持繁荣。

在维持增长的同时，挪威政府将更加注重防范通胀。央行将继续努力将通胀率控制在 2.5% 的目标水平，并通过实施谨慎的货币政策防范可能出现的资产泡沫。

另一方面，受美元贬值和国际需求低迷影响，挪威主要制造业部门面临的困境将更加严峻。如美欧等主要贸易伙伴经济状况不能明显改善，挪威制造业在短期内将无法扭转形势。受此影响，2010 年挪威传统产品出口将维持总体下降态势。

2008 年，一、二、三产比例分别为：工业产值为 37.2%，农业产值比例为 1.5%，服务业产值比例为 61.3%。

表 2-1 近年来挪威 GDP 相关数据

年　份	2004	2005	2006	2007	2008	2009 年1 月至 9 月份
GDP 数值（亿挪威克朗）	17 430	19 457	21 617	22 768	25 432	17 814
增长率（%）	3.1	2.3	3.8	2.7	1.8	—
GDP 数值（亿美元）	2 587	3 019	3 368	4 200	4 512	2 665
人均 GDP（克朗）	375 655	420 851	463 823	483 725	533 363	—
人均 GDP（美元）	55 735	65 349	72 246	89 248	94 567	—

资料来源：挪威统计局

注：1. 按当年年度平均汇率折合美元。2. GDP 包括油气。

表 2-2 近 8 年来挪威 GDP 增长统计

年　份	2001	2002	2003	2004	2005	2006	2007	2008
GDP 增长率（%）	1.4	0.7	0.73	3.1	2.3	3.8	2.7	1.8

资料来源：挪威统计局

2008 年挪威固定资产投资额为 5 768 亿克朗，净出口额为 4 872 亿克朗，消费总额为 14 791 亿克朗，分别占 GDP 的比例为 22.7%、19.2% 和 58.1%。

国家预算情况：2009 年 10 月，挪威财政部提出 2010 年度财政预算案，总预算为 9 075 亿克朗（1 美元 = 6.25 克朗）。预算优先领域为扩大公共福利，如健康、教育、儿童日间看护等。非油气财政赤字为 1 485 亿挪威克朗，该赤字由挪威全球养老基金收益部分弥补。挪威全球养老基金市值 2008 年年底为 23 630 亿挪威克朗，2009 年三季度末为 25 490 亿挪威克朗。

外汇储备总额和外债额：挪威除拥有世界最大的主权财富基金之——挪威全球养老基金外，2008 年，挪威外汇储备为 510 亿美元。2009 年 11 月，外汇储备为 492 亿美元。挪威政府无外债。

（三）重点/特色产业

【油气】挪威海上石油技术非常突出，石油设备出口占全球总量的 10%，石油技术与设备涵盖了钻井平台、深海作业、地质测试、项目管理、环境保护等广泛领域。目前，挪油气储量为 132 亿标准立方米油当量，2008 年剩余 84 亿标准立方米油当量。2008 年，挪威是世界第十一大石油生产国、第五大石油出口国和第三大天然气出口国。石油产值为 6 600 亿克朗，占国内生产总值的 26.1%，油气收入占政府收入的 1/3，出口额 6 038 亿克朗，占出口总额的 50.48%，油气行业投资额 1 227 亿挪威克朗，占总投资额的 23.3%，油气生产从业人员 21.8 万人，与油气相关服务业从业人员 17 万人。

知名公司：挪威国家石油公司（Statoil）是世界最大的海洋石油公司，主要业务包括石油及天然气开采、生产、精炼及产品销售。

【海事】挪威在近海特殊船用设备和渔船生产领域占有重要地位，拥有 300 多家船用设备生产商，生产的设备占世界市场份额的 9%，60% 用于出口，产品包括先进的船舶推进器、船舶动力主机、电子货物装运设备、航海电子导航仪器、电子地图和先进的船舶稳定系统等。挪威是世界第五大船运国，2008 年，商船总数 1 800 艘，船舶总载重吨为 4 800 万 DWT。

知名公司：阿克船厂（Aker Yard），该船厂是欧洲第一大、世界第四大造船厂，主要生产油轮及特种船等。罗尔斯·罗依斯商用船用设备公司（Rolls-Royce Commercial Marine），生产船舶主机、船舶系统等设备。赫尔斯（Helseth）公司，生产船舶推进器系统。福兰克·默恩（Frank Mohn）公司，为全球油轮提供油泵系统。德根（Dreggen）公司，生产组合式起重机、多功能式起重机等船用设备。康斯伯格海事公司（Kongsberg Maritime），生产的船用自动和导航系统设备广泛应用于船舶。雅克伯·海特兰演示器公司（Jakob Hatteland Display），生产的海事多功能演示器、海事多功能电脑十分有名。挪威斯考根海运集团公司（I. M. Skaugen），是世界上大型特种物品海运公司之一，主要从事石油化工液化气、原油的海洋运输业务。礼诺航运有限公司（Hoegh），主要从事汽车的海上运输业务。格里哥航运公司（Grieg），主要从事木材及其有关产品的运输。

【渔业】挪威拥有良好的渔业生产自然环境，海岸线长达 83 281 公里（包括峡湾和岛屿），其可供水产捕捞和养殖区域为挪威陆地面积的 6 倍，渔业资源非常丰富。据统计，挪威现有海洋捕捞船 7 300 多艘，水产品捕捞量约 234 万吨，货值 119 亿克朗（约 22 亿美元），主要品种有马鲛鱼、鳕鱼和鲱鱼；水产养殖场 1 509 处，主要养殖三文鱼和鳕鱼等，养殖水产品达 82.8 万吨，货值 174 亿克朗（约 31 亿美元）。

目前，挪威是世界上第十一大水产品生产国，第四大水产品出口国，向世界上 150 多个国家和地区出口海产品（仅次于中国、泰国和越南），为挪威第二大出口产业。2009 年挪威出口海产品 260 万吨，货值 447 亿挪威克朗，较上年度增加 26.8 万吨，货值增加 60 亿挪威克朗，连续 6 年出口创历史新高。其主要出口地为欧盟（占 62%），俄罗斯（占 9%）和日本（占 4%）、中国（2%）等。

挪威最大的海产品养殖公司为 Marine Harvest 股份公司，该公司是世界上最大的三文鱼养殖商。其次为 Cermaq 股份公司，主要从事鱼饲料生产和三文鱼养殖业务。此外，还有 Leroy Seafood 集团公司，该公司从事海产品的生产和销售。挪威最大的远洋捕捞公司为 Austevoll Seafood 股份公司，该公司除从事全球远洋渔业捕捞外，还从事鱼粉、鱼油、鱼罐头、三文鱼养殖和加工等业务。其次为 Aker Seafood 股份公司，该公司在挪威海域拥有 14 艘现代化捕捞船，在巴伦支海有 2 艘拖轮作业，其 50% 捕捞鱼获在挪威、丹麦进行加工后销往欧盟。

为了推动海产品养殖、捕捞发展，促进国际交流，挪威在其中部重镇特隆海姆（Trondheim）每两年轮流举办一次挪威水产养殖展和北海渔业展。2008 年的挪威北海渔业展展示了包括造船、渔业设备、渔船发动机、码头机械、海上电子产品、寻找鱼群设备、航海和通信设备、渔业加工设备、冷藏设备、包装和运输设备、安全设备、渔业资源保护、渔业港口建设与服务等技术与设备。2009 年的挪威水产展吸引了全球 300 家水产养殖相关的商家参展，展出了三文鱼、贝类等各种海水养殖、加工、贮藏技术与设备等。

【化工】化学工业的发展主要依托挪威丰富的水电、油气资源及市场需求，以生产化学原料为主，特点是生产规模大、营利性强。2008 年，化工业产值为 214 亿克朗，占 GDP 总值的 0.8%，占制造业 GDP 的比重为 10.2%。

知名公司：亚拉公司（Yara International），生产的化肥畅销世界各地。鲍利葛（Borregaard）公司，生产特殊化学品、精细化工以及添加剂。优通公司（Jotun），是世界知名的油漆生产企业，主要生产涂料、涂层。

【信息通信（ICT）】挪威信息技术产业比较发达，在卫星通信、全球定位、移动电话、传输、电视会议、多媒体设施、信用卡终端等领域有很强的竞争力。开发的石油、天然气、海洋运输、造船、捕鱼、通信、银行、客户管理、远程教育等软件在世界处于领先地位。2008 年，在 ICT 行业的员工人数达 9.7 万人，出口值为 69 亿克朗（折合 12.3 亿美元）。

知名公司：挪威国家电信公司（Telenor），是挪威最大、全球第六大移动通信运营商，手机用户已突破 1.5 亿，在 12 个国家开展业务，主要业务范围为手机运营、固定线路、广播服务。奥波拉软件公司（Opera Software），生产手机浏览器，界面友好，占用内存小，方便实用，现已被微软收购。挪威那拉公司（Nera），生产卫星通信设备，许多产品居世界领先水平，如世界上最小、最轻的手机宽带卫星终端。坦德伯格公司（Tandberg），是世界领先的电视会议系统生产商。

【冶金】挪威共有冶金公司 140 多家。挪威是世界第二大铝和铝合金产品出口国，铝产量的 80% 至 90% 供出口。NASA 的航天飞机、欧洲航天局运载火箭都依赖于挪威的金属和冶金技术。挪威还是世界上最大的硅铁和金属硅生产国之一，世界个人计算机和电子元件使用的金属硅的一半以上由挪威供应。

知名公司：海德鲁（Hydro）公司，世界 500 强公司之一，也是世界上最大的铝热传输管制造商，铝产品世界知名。埃肯（Elkem）公司，是世界一流的金属和材料供应商、世界最大的硅金属供应商，主要生产铁合金、金属硅、铝和微硅粉，市场份额占全球的 15%，世界上一半的电脑所使用的硅金属都来自该公司。斯堪瓦弗公司（Scanwafer），是世界领先的多晶硅片的生产商，占世界市场份额的 20% 左右。

【服务业】服务业是挪威经济的重要支柱之一。服务贸易在挪威对外贸易中占据重要地位。2008 年,服务业产值占挪威 GDP 的 54.4%,服务贸易额占外贸总额的 25%。2007 年服务贸易额为 4 895 亿克朗,其中出口 2 652 亿美元,进口 2 243 亿美元。运输业(主要是海运业)是主要出口部门,其次是油气服务、海事服务、金融、法律、审计、营销、公关以及管理咨询等。挪威在海上石油开发服务和环保服务方面处于世界领先地位。

知名公司:挪威银行(DNB NOR),是挪威最大的金融服务集团,在挪威拥有最密集的金融服务网络,在船舶融资方面具有很强实力,是全球最大的三家船舶金融机构之一。

挪威船级社(DNV),是世界著名的认证评级机构,世界第一大船级社,为客户提供风险管理和各类评估认证服务,涉及船级认证、技术服务等方面。目前 DNV 在全球 130 个国家和地区设立了 330 多个分支机构,员工数目超过 7 000 人。

挪威顾问集团(Advisory Group of Norway,AGN),是经验丰富的水电和地下工程顾问公司。

阿科克瓦纳公司(Aker Kvaerner ASA),是世界知名的工程和建筑服务、涡轮机和发电系统、技术产品及相关解决方案的提供商。

【环保】挪威作为工业发达的国家,一直在环境保护、能源有效利用与开发方面做着不懈的努力,制定了很多环保法律、法规并严格执行。挪威在清洁能源、节能和生态保护等方面积累了丰富的经验,一些公司有很强的实力和很好的技术,如海洋石油勘探开发过程中的环境控制、二氧化碳捕捉和储存技术、江河水质保护、海水养殖环境控制、废旧物资回收处理等。

知名公司:汤姆拉(Tomra)公司,生产的回收玻璃及塑料软饮料瓶和铝制罐的机器已占据欧洲和美国市场的主要份额。

【旅游】秀美的峡湾、奇丽的风光每年吸引着众多外国游客前来挪威参观。2008 年,挪威接待国外人士 430 万人次,其中游客 300 多万人,商务人士 100 多万人,游客消费超过 1 000 亿挪威克朗。挪威 6.4% 的劳动力从事旅游行业。

（四）经济发展

未来几年里，挪威政府将继续以提高就业率，维持较低的通货膨胀率，促进经济的持续发展为目标，继续引进急需的人才，满足经济发展的需要。重视科技发展和应用，加大政府投入，鼓励工商界加大科研力度。提升自主创新能力，推出跨政府部门、跨政策领域的综合性科技创新计划。科研重点领域是海事、信息和通信技术、医药卫生和能源与环境。

二、挪威国内市场有多大

（一）销售总额

2008 年，挪威社会消费品零售总额为 3 320 亿克朗，约合 589 亿美元。

（二）生活支出

表 2-3　近几年来挪威家庭储蓄率情况

年份	2004	2005	2006	2007	2008
储蓄率（%）	7.4	10.2	0.1	-0.4	2

资料来源：挪威统计局

挪威实行高工资、高福利、高税收制度，因此物价也相应较高。2009 年，挪威家庭开支中，前四项分别为居住、交通、文化娱乐以及食品，占总开支的 72%。居住（包括水、电、气、燃料）为最大开支项目，占家庭总开支的 31%。位居第二的是交通，占家庭开支的 17%，第三大项为文化娱乐，占家庭开支的 12%，第四大项为食品与饮料开支，占 12%，其他开支占 28%。2006—2008 年，挪威家庭开支平均为 38 万克朗，比 2003—2005 年平均水平增长 11%。

（三）物价水平

因挪威农业不发达，大部分农产品需要进口，食品价格昂贵，一般蔬菜

21

价格为每公斤 20 克朗以上，许多蔬菜价格在每公斤 30 克朗至 40 克朗，有的超过每公斤 50 克朗。泰国香米 10 克朗/公斤，面粉 7 克朗/公斤，豆角 50 克朗/公斤，黄瓜 14 克朗/根，苹果 25 克朗/公斤，西红柿 30 克朗/公斤，土豆 14 克朗/公斤，白菜 14 克朗/颗，蘑菇 90 克朗/公斤，青椒 25 克朗/公斤，猪肉 60 克朗/公斤，羊肉 80 克朗/公斤，牛肉 90 克朗/公斤。鸡蛋 55 克朗/30 个，豆油 100 克朗/5 公斤。挪威物价高还体现在人工费用上，主要是服务领域，如维修工作按小时收费，每小时达 800 克朗至 1 000 克朗不等，往返交通也计算在内。公共交通、出租车、火车等费用较高。从市区到机场巴士需要 140 克朗，出租车需 500 克朗。

三、挪威的基础设施建设情况

【公路】挪威公路里程 9.3 万公里，公路网比较密集。其中国家级公路 27 343 公里，郡级公路 27 075 公里，市级公路 38 528 公里。欧洲 6 号公路、39 号公路、134 号公路贯穿全境。由于多山和丘陵，所以大多数路段的高速公路都是双向两车道，并严格限速。挪威有各种机动车 410 万辆，其中私人小汽车 280 万辆。公路年客运量 577 亿人公里，货运量 138 亿公里。奥斯陆市内公共交通比较发达，拥有有轨电车、地铁、公交等。

【铁路】铁路网总长 4 087 公里，其中电气化铁路 2 518 公里，双轨铁路 218 公里。年客运量 29 亿人公里，货运量 15.6 亿吨公里。通过铁路可以抵达国内的卑尔根、特隆海姆等城市，也可以抵达瑞典、丹麦以及德国等欧洲大陆国家。

【空运】挪威拥有 55 个民用机场遍布境内各地，主要机场有奥斯陆、卑尔根、特隆海姆与斯塔万格。现有航空器总数 1 087 架，其中飞机 910 架，直升机 177 架，这些机场每年接待旅客近 3 000 万人。嘎德蒙国际机场（Gardenmoen）位于奥斯陆以北 45 公里处，拥有 24 条国内航线和 82 条国际航线，2008 年运送旅客 1 700 万人，同比增长 7.8%，该机场曾荣获欧洲最有效率的机场称号。快速火车把嘎德蒙国际机场与奥斯陆市中心联系起来，车程仅 20 分钟，票价单程 170 克朗。奥斯陆附近还有桑德福约德（SANDEFJORD）和默斯（MOSS）两个机场，从这些机场可抵达欧洲一些主要城市。北欧航空公司（SAS）由丹麦、挪威和瑞典共同拥有。目前，挪威与中国尚无直达飞机，可经瑞典斯德哥尔摩、芬兰赫尔辛基、丹麦哥本哈根、德国法兰克福等欧洲主要城市转机。

【水运】挪威拥有奥斯陆、卑尔根、特隆海姆等多个港口。奥斯陆港年吞吐量为 1 000 万吨。沿海各地之间，则有客船负责运送旅客，同时承担一半以上的货物运输。小型的峡湾渡轮以 30 海里至 40 海里的速度忙于地方运输，另有相当数量的汽车轮渡往来穿梭于大小峡湾之内。由于墨西哥暖流的影响，船舶一年四季都可以畅通无阻。

【通信】挪威是世界上有线程度最发达的国家之一，2009 年，86% 的家庭拥有电脑，84% 的家庭接入互联网，拥有 156 万宽带用户。挪威正全力建设电子政府、电子社会，通过互联网报税、付款、报送文件、查看养老金、病历、税收及子女入学等情况。2008 年，网上购物占总销售额的 19%。移动电话用户占全国人口的 91%，人均移动电话比例在北欧诸国中最高。挪威邮政发达，邮局遍布城市各处，人们可方便地通过邮局寄送账单、通知、资料等。

以水运、铁路、公路、航空构成的立体交通运输，使挪威每年乘客里程超过 600 亿人公里，国内货运超过 460 亿吨公里。2008 年 9 月，挪威政府表示将投入数百亿挪威克朗用于改善通信、交通安全以及环境，2009 年制定了 2010 年至 2019 年国家交通规划。

【电力】水力资源丰富。挪威多高山峡谷，雨量充沛，在此基础上建立的水力发电工业非常发达，发电量不仅能满足国内工农业生产和民用的需要，还出口瑞典、荷兰和德国等。丰富廉价的水电使挪威发展起了高度发达的有色金属冶炼工业。

四、挪威的对外经贸关系

（一）贸易关系

挪威是关税和贸易总协定（GATT）的创始国之一，也是世界贸易组织（WTO）的积极倡导者和创始国之一。挪威的对外贸易是建立在世界贸易组织框架协议、欧洲经济区和欧洲自由贸易联盟协议基础上的自由贸易体制。尽管挪威不是欧盟成员，但作为欧洲自由贸易联盟（EFTA）成员，挪威通过欧洲自由贸易联盟（挪威、冰岛和列支敦士登）与欧盟签订的欧洲经济区（EEA）协议，最大限度地发展了与欧盟的经济贸易关系，并成为欧洲统一大市场中的一个组成部分。不仅在贸易政策方面，也在其他社会政治事务领域，如环保、工作环境和消费者权益等方面，与欧盟的有关法规统一。目前，在欧洲经济区协议涉及的领域中，挪威的法规都与欧盟保持一致。挪威还与智利、克罗地亚、埃及、以色列、约旦、韩国、黎巴嫩、墨西哥、新加坡、巴勒斯坦、南非关税同盟、突尼斯、土耳其、摩洛哥、马其顿、哥伦比亚16个国家签署了自由贸易协定。2008年9月，挪威正式启动与中国的自贸区谈判，2010年，启动与中国香港地区自贸区谈判。

挪威不是IMF受控国。

挪威对外贸易额在GDP总值中占比较高。2009年，挪威进出口货物贸易总额为11 651亿克朗（约合1 856亿美元），同比下降18.6%，占GDP的比例接近50%。其中出口7 452亿克朗（约合1 187亿美元），同比下降21.3%，进口4 199亿克朗（约合669亿美元），同比下降13.3%，贸易顺差为518亿美元。

挪威主要贸易伙伴：瑞典、英国、德国、荷兰、法国、美国、丹麦、意大利、加拿大、中国。其中瑞典、德国、英国、丹麦、荷兰是挪威最重要的贸易伙伴。挪威70%的对外贸易是同欧盟成员国进行的，近80%的贸易是与OECD国家进行的。与上述国家的主要进出口贸易额见表2-4。

表2-4　2009年挪传统商品进出口国别及地区分布情况

国别和地区	进　　口		出　　口	
	进口额（亿克朗）	所占比例（%）	出口额（亿克朗）	所占比例（%）
北欧国家	1 023.14	24.4	562.03	18.4
EFTA国家	61.71	1.5	60.34	2
欧盟	2 827.56	67.3	1 858.15	60.9

国别和地区	进　　口		出　　口	
	进口额（亿克朗）	所占比例（％）	出口额（亿克朗）	所占比例（％）
OECD 国家	3 338.54	79.5	2 430.55	79.7
欧洲	3 018.00	71.9	2 045.81	67.0
亚洲	630.55	15.0	589.62	19.3
北美	377.29	9.0	303.74	10.0
南美	93.73	2.2	39.91	1.3
非洲	72.19	1.7	57.59	1.9
大洋洲	7.81	0.2	14.82	0.5

资料来源：挪威统计局

注：传统商品指不包括油气、船舶和钻井平台的其他类货物商品。

表 2 - 5　2009 年挪传统商品进口前十位国家排名

序号	国别	进口额（亿克朗）	所占比例（％）
1	瑞典	591.94	14.1
2	德国	549.69	13.1
3	中国	320.21	7.6
4	丹麦	288.12	6.9
5	英国	257.45	6.1
6	美国	264.10	6.3
7	荷兰	166.77	4.0
8	法国	152.16	3.6
9	意大利	133.73	3.2
10	芬兰	125.31	3.0

资料来源：挪威统计局

注：传统商品指不包括油气、船舶和钻井平台的其他类货物商品。

表 2-6 2009 年挪传统商品出口前十位国家排名

序号	国别	进口额（亿克朗）	所占比例（%）
1	瑞典	308.24	10.1
2	德国	273.15	9.0
3	美国	255.34	8.4
4	荷兰	232.89	7.6
5	英国	225.33	7.4
6	丹麦	163.18	5.3
7	中国	150.46	4.9
8	法国	135.38	4.4
9	比利时	76.49	2.5
10	西班牙	80.32	2.6

资料来源：挪威统计局

注：传统商品指不包括油气、船舶和钻井平台的其他类货物商品。

挪威进口的主要商品：陆地交通工具、金属制品、通用机械设备、电子机械、矿产品、食品等。2009 年进口额中，机械和交通设备类占 38.7%，砂石和金属屑占 6.1%，金属品占 4.4%，食品类占 6.4%。

挪威出口的主要商品：油气、有色金属制成品、食品（含鱼产品）、通用机械设备、化工制品等。2009 年出口额中，其中油气出口比重最大，占59.1%，机械和交通设备类产品占 10.05%，钢铁和有色金属类产品占 7.0%，海产品占 5.8%，化工类产品占 5.0%。

表 2-7 挪威近年出口额统计

年 份	2004	2005	2006	2007	2008	2009
出口额（亿克朗）	5 549	6 688	7 829	7 954	9 578	7 452
折合（亿美元）	823.6	1 037.7	1 219.8	1 357.3	1 699.4	1 186.3

资料来源：挪威统计局

表 2 - 8　挪威近年进口额统计

年　份	2004	2005	2006	2007	2008	2009
进口额（亿克朗）	3 261	3 577	4 118	4 689	4 974	4 199
折合（亿美元）	484.0	555.0	641.6	800.1	882.5	668.4

资料来源：挪威统计局

（二）辐射市场

挪威国家小，对外贸易主要面向欧盟成员国，与欧盟成员国的贸易占总量的 72%，其中油气出口又占较大比重，德国、英国等是其油气主要出口目的国。挪威产品出口到亚洲的比例为 15%，出口到北美的比例为 9%。出口到南美洲、非洲和大洋洲的比例很小，仅 4%。挪威是外向型经济体，国际贸易占 GDP 比重大，其辐射能力受世界经济，尤其是欧美经济影响很大，特别是石油价格受国际政治、经济形势的变化影响很大。

（三）挪威吸收外资情况

2008 年，挪威吸引外国直接投资 7 354 亿克朗（1 304 亿美元）。挪威吸引的外资主要来自发达国家，其中欧盟国家占近 70%。主要投资国家是美国、瑞典、丹麦、英国、法国、荷兰、瑞士、德国、芬兰、日本等。从投资领域看，油气矿产开采占 1/3，其次是制造业、金融、房地产以及商业服务、宾馆饭店、运输、建筑等。

在挪威投资的主要跨国公司有：世界 500 强公司如英国 BP、荷兰壳牌、美国美孚等石油公司（主要从事挪威近海油气开发），美国 GE 公司（已收购挪威阿克柯瓦纳公司），韩国 STX 公司（购买挪威阿克船厂 39.2% 股份并成为其最大股东），美国微软公司（65 亿克朗购买挪知名搜索公司 FAST）、美国 Yahoo、Google 等知名搜索引擎公司（在挪威设立办事处），荷兰辉固（Fugro）集团（岩土工程、海上油气、地质勘探、渔业科技等高科技服务公司）等。

（四）中挪经贸

【经贸关系】 1954 年 10 月，中挪两国建立了外交关系，双方于 1956 年互派了商务专员，1958 年签订了双边贸易和支付协定。为促进双边经贸关系的发展，保持定期交流，中挪两国于 1974 年成立了中挪贸易混合委员会，1981 年改名为中挪经济、工业和技术合作委员会，现在统称为中挪经贸联委会。1981 年 9 月，在北京举行了中挪经贸联委会第一次会议，至 2007 年 1 月已召开 17 次会议。挪威重视我国日益上升的大国地位，重视对华关系，将经贸合作放在发展中挪关系的首位。目前，双边经贸关系进展顺利。挪威是继冰岛后第二个承认国我市场经济地位的欧洲国家。目前正在开展的中挪自贸区谈判将进一步提升双边业已存在的良好关系。2008 年，挪威在广州设立了总领馆，近距离地为在珠三角开展业务活动的挪威商界服务。中挪高层互访十分频繁。2004 年以来，先后有吴邦国、回良玉、李长春、曾培炎、白立忱访挪威，挪威首相、外交大臣、环境大臣、援外大臣、交通大臣以及环境部、贸工部、石油能源部、劳动部国秘等相继访华。

中挪签订的主要经贸协定：

1. 中华人民共和国和挪威王国双边贸易和支付协定（1958 年）

2. 中华人民共和国和挪威王国海运协定（1974 年）

3. 中华人民共和国和挪威王国经济、工业和技术协定（1980 年）

4. 中华人民共和国和挪威王国长期贸易协定（1982 年）

5. 中华人民共和国和挪威王国关于相互保护投资协定（1984 年）

6. 中华人民共和国和挪威王国科学技术合作纪要（1985 年）

7. 中华人民共和国和挪威王国关于对所得财产避免双重征税和防止偷漏税协定（1986 年）

8. 中华人民共和国和挪威王国纺织品贸易协定（1986 年）

9. 中华人民共和国和挪威王国关于保护知识产权的谅解备忘录（1995 年）

10. 中华人民共和国和挪威王国环境合作备忘录（1995 年）

11. 中华人民共和国和挪威渔业合作协议（2001 年）

12. 中国国家质检总局和挪威王国外交部签署《中华人民共和国质量监督检验检疫总局和挪威王国外交部化肥检验程序与出证协议》（2004 年）

13. 关于中国旅游团队赴挪威旅游签证及相关事宜的谅解备忘录（2004 年）

14. 中国国家发展改革委员会与挪威石油能源部签署的《关于加强节能和可再生能源合作的谅解备忘录》（2006 年）

15. 商务部与挪威贸工部签署的《关于成立联委会下双向投资促进分委会协议》（2006 年）

16. 承包商会与挪威船东协会签署的《中国外派海员协调机构与挪威船东协会关于进一步加强海员劳务合作备忘录》（2006 年）

17. 中国证券监督管理委员会与挪威金融监管局签署的《证券期货监管合作谅解备忘录》（2006 年）

18. 挪威《关于承认中国市场经济地位的谅解备忘录》（2007 年）

19. 中国农业部与挪威渔业部签署的《中华人民共和国农业部和挪威王国渔业及沿海事务部渔业合作协议》（2007 年）

20. 中国国家发展改革委员会与挪威外交部签署的《中挪气候变化合作与对话框架协议》（2008 年）

21. 中国国家环保总局与挪威环境部签署的《环境合作谅解备忘录》（2008 年）

21. 科技部与挪威教育研究部签署的《中华人民共和国与挪威王国政府间科技合作协定》（2008 年）

【双边贸易】据中方统计，20 世纪 50 年代两国年均贸易额才 200 万美元，到了 80 年代达到 1 亿美元，至 2000 年已增长到 11 亿美元。近年来，中挪双边贸易快速增长，2009 年双边贸易额到 57 亿美元。据挪威统计局统计，2009 年我国已成为挪威第三大传统商品供应国（不包括油气、船舶和钻井平台的其他类货物商品）。我国出口商品的技术含量也不断提高，办公设备、通信设备、电子机械等机电产品已占总出口额的 1/3，清华同方集装箱检测设备、华为和中兴的高科技通信产品打破了西方企业的垄断，进入了挪威市场，我国新鲜水果等农产品也实现了直接出口到挪威。

表 2-9　中国与挪威贸易统计（2004—2009 年）

（单位：亿美元）

年份	进出口额	出口额	进口额	累计比上年同期增减（％）		
				进出口	出口	进口
2009	57.3	26.7	30.6	21.8	4.5	42.4
2008	47	25.6	21.4	23.2	16.4	32.4
2007	38.2	22.0	16.1	29.3	29.4	29.1
2006	29.5	17.0	12.5	19.7	28.7	9.2
2005	24.7	13.2	11.4	1.6	28.5	-18.2
2004	24.2	10.3	14.0	37.5	14.4	61.5

数据来源：商务部

表 2-10　2009 年挪威与中国大陆主要进出口货物情况

（单位：亿克朗）

挪 威 进 口		挪 威 出 口	
1. 服装纺织品及佩饰	65.16	1. 特种工业机械	24.01
2. 办公设备	50.18	2. 通用机械设备	23.34
3. 通信设备	42.94	3. 有色金属	22.63
4. 电子机械	21.10	4. 鱼及海产品	15.95
5. 金属制品	15.31	5. 有机化工品	13.06
合计	194.69	合计	98.99

数据来源：挪威统计局，全年汇率均价：1 美元兑换 6.28 挪威克朗

据挪威统计局统计，2009 年中挪双边贸易额达到 486 亿克朗，比 2008 年增长 13.5％。其中挪威出口 152 亿克朗，增长 41.6％；进口 334 亿克朗，增长 4.03％。挪威从我国进口的主要产品前五类分别是服装纺织品及配饰、办公设备、通信设备、电子机械和金属制品；挪威向我国出口的主要产品前五类分别是特种工业机械、通用机械设备、有色金属、鱼及海产品和有机化工品等。

【双向投资】挪威对华直接投资始于 1983 年。2009 年 1 月至 10 月份，我国批准挪威在华投资项目 23 个，实际投资总额 3 805 万美元。截止到 2009 年 6 月，累计批准挪威投资项目 330 个，实际投资总额为 3.53 亿美元。挪威投

资的项目主要集中于石油化工、冶金、医药、船舶设备、造纸、发电设备、渔业等优势产业，基本上与我国的产业政策和鼓励外商投资领域相一致。对华直接投资主要分布在中国东部沿海经济发达省市如：江苏、广东、浙江、上海、山东、辽宁、北京、天津、大连；内陆省区的湖北、吉林、黑龙江、四川、陕西、宁夏、内蒙古等也有挪威企业投资。挪威国家石油公司、DNV、海德鲁公司、优通公司、斯考根集团、埃肯公司、康斯伯格公司、挪威森林纸业公司等知名公司均在华设立工厂或办事处。

我国对华投资也取得了积极进展，中资机构在挪威业务开展顺利。截止到 2009 年年底，我国在挪威中资机构 7 家，具体情况如下：

表 2 - 11　截止到 2009 年年底驻挪威中资机构情况表

批准年份	境外企业名称	所在城市	投资主体（主办单位）	中方实际投资额	经营范围
2001	英特曼国际公司	艾格桑	江苏英特曼电器有限公司	360 万美元	电工电料、自动化信息管理系统、节能产品等
2003	中远北欧有限公司	奥斯陆	中远集团	5.51 万美元	航运代理
2005	中国国际航空股份公司驻挪威代表处	奥斯陆	中国国航	—	机票销售代理、市场推广
2006	中兴通讯挪威公司	奥斯陆	中兴通讯	1.56 万美元	通信设备，提供系统解决方案
2007	深圳华为挪威公司	奥斯陆	深圳华为技术有限公司	24.1 万美元	通信设备，提供系统解决方案
2008	中海油服公司收购挪威著名的海上油气服务商 AWILCO 公司	奥斯陆	中国海洋石油总公司	25 亿美元	该收购是迄今我国在挪最大的投资，至此中海油服公司已建成世界第八大钻井船队
2008	胜嘉兰麻公司	拉尔维构	高时（厦门）石业有限公司	550 万美元	矿山开采、贸易及投资

【技术引进】进入 21 世纪，我国从挪威引进技术的速度加快，引进技术主要涉及水电、医疗和环保等领域。2009 年 1 月至 6 月，我国与挪威签订技术设备引进合同 9 个，合同金额为 851 万美元。截至 2009 年 6 月底，我国与挪威共签订技术设备引进合同 412 个，合同金额约 7.6 亿美元。

【工程承包和劳务合作】中挪在工程承包（修船）与海员劳务领域的合作成果显著，已经成为中挪经贸合作新的增长点。两国海员劳务合作在欧洲地区名列前茅。2010 年 6 月，我国公司将首次成批量向挪威提供季节工。

五、当地金融环境怎么样

（一）当地货币

挪威货币为挪威克朗。挪威克朗为自由兑换货币。在挪威的任何金融机构、兑换点，挪威克朗可与美元、欧元以及其他可自由兑换的国际货币随时互相兑换。在挪威，持人民币现金也可兑换克朗，使用克朗也可在兑换点兑换人民币。

几年来，挪威克朗总体上呈现升值趋势，但由于金融危机的影响，2008年 9 月份以来，挪威克朗出现较大贬值。

表 2 - 12　挪威克朗汇率情况

货币名称＼年份	2004	2005	2006	2007	2008	2009
1 美元	6.7372	6.4450	6.4180	5.8600	5.6361	6.2816
1 欧元	8.3715	8.0073	8.0510	8.0153	8.2193	8.7285
100 元人民币	81.40	78.71	80.60	77.00	81.2271	91.9523

数据来源：挪威央行

（二）外汇管理

挪威央行 1990 年颁布了现行的外汇管理规定。在规定中，央行对本国货币和外汇没有太多管制，但对与外汇有关的国际支付和金融交易要求如实报告。除央行和外汇银行外，任何人不得在挪威参与商业性的外汇买卖。居民或非居民在出入挪威境时，单程携带的挪威克朗或外汇现钞和硬币价值超过25 000克朗时，必须向出入境的海关管理部门填表申报。居民或非居民通过邮政、快递或其他方式发送或接收的挪威克朗或外汇现钞和硬币的价值超过25 000克朗时，也必须向央行提交书面报告书。在挪威商业活动的红利和利润、贷款和抵押的利息以及已投入的资本均可全额、自由地汇出境外，但必须向央行报告。有关商品进口、红利和分公司利润汇付、专利权使用费和支付境外服务费等均无外汇管制，但交易方或境内外汇银行要向央行如实汇报。外资企业在挪威当地可以开设外汇账户。

（三）银行机构

挪威中央银行的职责是执行以控制通货膨胀为目标的理性货币政策，促进经济平衡发展，帮助建设稳定、高效的金融市场和支付系统，发行纸钞和硬币，确保对国家金融资产，包括挪威养老基金境外、境内以及外汇储备的有效管理。

挪威注册登记的商业银行有18家，其中主要商业银行有：挪威最大的金融服务集团挪威银行（DNB NOR）、Nordea银行（北欧银行）等。

挪威注册登记的储蓄银行有121家，分布于挪威全境。

挪威注册登记的外资银行有47家，绝大多数位于奥斯陆及附近的阿克斯胡斯郡。其中瑞典银行最多，达30家，其次是荷兰、英国、丹麦、德国、法国、爱尔兰等国家设立的银行。如瑞典的AKTIV KAPITAL NORDIC银行、AMFA FINANS AB NUF银行、CARNEGIE INVESTMENT银行，荷兰的ABN AMRO银行、DVB银行，丹麦Ekspresbank银行、FOKUS银行，德国DEUT-SCHE银行，法国BNP PARIBAS银行等。

（四）融资条件

在融资条件方面，外资企业与当地企业享受同等待遇。要求有较好的信用要求，市场发展前景较好，财务状况良好。

（五）信用卡使用

挪威大量使用信用卡和网上支付等交易手段。多数客户在商店购物都是刷卡付款。中国发行的 VISA 卡和万事达卡以及招商银行卡均可在挪威使用。

与我国内银行合作较多的当地主要代理行：挪威银行（DNB NOR）、Nordea 银行（北欧银行）。

目前挪威尚无中资银行。

六、挪威证券市场发展情况

奥斯陆证券交易所（Oslo Bors）是挪威唯一的证券交易所，现已有 100 多年的历史。到 2009 年年底，交易所共有 269 家上市公司，982 种债券，股票市值 3 973 亿美元，债券市值 1 283 亿美元，年交易量约 6 000 亿美元，国际投资者拥有 65% 的股票以及交易总量的 41%。挪威大部分知名公司均已在该交易所上市，能源、航运以及渔业等挪威优势产业在交易量中占很大比重。交易所聚集了专业的投资银行、律师以及投资机构等，它们了解挪威商业规律及市场行情，能提供专业服务。挪威法律体系比较完善，政策公开透明，上市公司信息披露较规范，市场比较繁荣。

奥斯陆股市是北欧证券交易网络 Norex 的组成部分，能与瑞典、丹麦和冰岛的股票交易所在同一平台上自由买卖北欧四国上市的股票，对于国际投资者来说，进入一个市场，就很容易进入其他北欧国家的证券市场。

由于受金融危机的影响，美国和亚洲股市下跌，挪威股市降幅较大。2009 年 12 月，股票指数为 371.56 点，较年初上涨 55%。

七、挪威的商业成本有竞争力吗

（一）水电气价格

挪威水电供应充足，水力发电量欧洲第一，世界第六。挪威平年水电资源 1 200 亿千瓦时，装机容量 2 900 万千瓦，另有 455 亿千瓦时水电资源禁止开发，284 亿千瓦时计划开发。挪威年发电量为 120 887GWH。长期以来，挪威使用水力发电，电价比欧洲其他国家较低。电力市场通常分为批发市场和最终用户市场，批发市场由发电者、电网公司、大企业和其他大的电交易公司组成。电的交易或通过市场代理，或通过北欧电力交换公司 Nord Pool 的市场进行。小的最终用户通常是从交易公司或配电公司购电。大的企业或公司可以从批发市场购电，较居民用电便宜。降水和温度的变化可能会导致电价出现较大的波动，夏季电费便宜，冬季电费贵。

挪威电费由电价、电网费、税费构成。2010 年 1 月份，挪威电价水平为 0.7 克朗/千瓦时（折合 0.1 美元/千瓦时），其中包括 0.405 克朗的电费，0.156 克朗的电网使用费，0.108 克朗的税费。

挪威水费价格为：目前，家庭用水不需单独付水费，但是需要缴纳较高的市政物业费。一般 80 平方米住房，物业费约为 2 500 克朗/月。

家庭烹饪一般使用电炉，也可使用煤气罐。家庭用煤气价格为 20 克朗/每公斤。

（二）劳动力供求及工薪

2009 年，挪威劳动力人口数量约为 251 万人，占挪威人口总数的 52%，失业率为 3.2%。由于近年挪威经济形势良好，劳动力出现短缺，挪从欧盟引入大量劳动力。但 2008 年的金融危机，使建筑、汽车零配件制造等领域受到影响，一些公司裁员，对东欧劳工的需求下降。

表 2-13　近年来挪威人均工资增长幅度

年　份	2003	2004	2005	2006	2007	2008	2009
增幅（%）	3.7	4.6	3.8	4.9	5.6	6	4

资料来源：挪威统计局

工薪：2000—2008 年期间，挪威人均收入增加超过 30%。2008 年挪威平均工资水平为人均 41 万挪威克朗，平均工资水平位居世界收入排行榜第一。挪威实行高税收政策，根据工资水平的高低，还须缴纳 28% 至 51% 的所得税。近几年，挪威失业率创历史新低，工资整体水平每年都以 3% 以上的水平增长。由于受金融危机的影响，未来几年，挪威工资增幅将有所降低。

（三）外籍劳务需求

挪威需要的劳动力主要包括：博士、硕士学位以上的专业人才、IT 人才、熟练技工、建筑工、季节工、渔业工人、保姆等。

根据挪威《移民法》规定，挪威将赴挪威工作或移民的人根据来源分为欧盟（EU）/欧洲经济区（EEA）和非欧盟/欧洲经济区两类。前者国家的公民自动享有在挪威定居和就业的权利。2004 年 5 月，欧盟和欧洲经济区接纳了东欧 10 个新成员。自 2009 年 5 月 1 日起，东欧劳工不需要工作许可即可进入挪威工作，而此前东欧劳工要想进入挪威，必须提供至少 12 个月的全职工作合同。

欧盟和欧洲经济区以外国家的公民赴挪威工作则有限制。只有拥有专业技能的特殊人才和熟练工人才可以获得工作许可。特殊人才是指在某一行业或领域受到特殊培训，拥有在挪威工作所需要的特殊技能，该技能对挪威雇主来说十分关键。特殊培训指申请人须具有高中以上至少 3 年的职业培训，大学的高等教育也被视为特殊培训。申请时必须提供雇佣合同，所从事的工作必须为全职工作，工作条件和工资水平不低于该工作在挪威的正常水平。申请人还需有足够的经济支持和固定的住所。另外，申请人还需要提供其教育、培训、工作经历的证明材料、介绍信、鉴定书等。挪威从 2002 年开始实行特殊人才配额制度，每年 5000 名。原则上，申请人必须符合特殊人才配额体系要求或该工作岗位不能在挪威本地或欧盟/欧洲经济区劳动力市场上寻到满意的应聘者。目前，申请挪威特殊人才和熟练工人工作许可以来自美国、波兰等国家的公民居多，建筑工人和季节工来自东欧国家居多，渔业工人主要针对俄罗斯与挪威接壤的北部地区。

申请人来挪威工作前须有来自挪威雇主的工作邀请，申请人凭此向挪威驻其所在国家使馆申办工作签证许可。首次工作签证期限通常为一年，每年续签一次，3 年后可申请长期居住权。从实际工作来看，申请工作许可材料要求较多，程序较复杂，审批时间较长，一般所需时间半年以上。2008 年 4 月，挪威劳动部出台了劳工政策白皮书，提出要简化程序，缩短时间。

　　欧盟和欧洲经济区以外国家的公民在挪威开设公司，挪威移民局将根据公司规模、经营内容、市场情况、发展前景、聘请当地员工等方面情况，进行综合评估后决定是否给予工作许可以及工作许可数量。在挪威从事一般性的加工行业，如果雇请当地员工，成本太高，如果从国内雇佣工人，这些普通工人又很难得到赴挪威工作许可。欧盟和欧洲经济区以外国家的公民在挪威开设和经营商店、宾馆等属于自雇人员，申请工作许可时需提供市场分析报告，挪威移民局根据能否营利等情况决定是否签发工作许可。

　　金融危机爆发前，挪威劳动力缺乏，挪威积极从东欧等地聘请劳工，并采取措施鼓励挪威人推迟退休及放松对欧盟成员国公民赴挪威工作限制的办法，缓解劳动力不足的问题。到 2009 年年底，近 10 万名外国劳工拥有在挪威的工作许可，其中有 1/4 劳工从事建筑业。波兰、罗马尼亚、保加利亚、爱沙尼亚、立陶宛、斯洛伐克等国工人赴挪威就业人数较多。金融危机爆发后，挪威失业率持续攀升，建筑、航空、制造业等行业裁员较多，其中许多工人来自东欧。

（四）挪威的社保税费水平

　　挪威的养老体制由三部分组成。一是国民保险，人人必须投保。二是职业养老金保险，自愿参保，由所在公司支付保费，在人寿保险公司投保。三是私人养老保险，由公民自愿在人寿保险公司或银行办理的养老储蓄保险。挪威国民保险体制规定，所有在挪威居住和就业的人（外国政府或国际机构常驻人员及在挪威短期逗留的人员除外）必须参加保险并相应地享有各项福利待遇。国民保险资金来源有三个方面：一是工薪阶层和自由职业者缴纳的社会保险费，约占保险金总额的 30%，挪威工薪阶层需上缴工资的 7.8% 作为保险费，自由职业者，凡收入在 12 倍基数（607 236 克朗）以内者，须缴 10.7%，12 倍基数以上部分再按 7.8% 上缴。二是雇主为雇员代缴的雇主税，约占保险金总额的 40%。雇主按支付给雇员的工资总额，再按地区经济发展水平不同而划分的五个税区，分别为 0%、5.1%、6.4%、10.6% 或 14.1% 的税金。三是国家财政拨款，约占保险金总额的 30%。

（五）土地及房屋价格

2008 年 6 月，挪威土地平均销售价格为 1 300 克朗/平方米（256 美元/平方米），奥斯陆土地价格为 4 300 克朗/平方米（846 美元/平方米）。2004 年以来，挪威房屋价格一路飙升，租房价格也随之上扬。房价因城市、地区不同迥异。2008 年 6 月，奥斯陆房屋价格在每平方米 3 万克朗（5 905 美元）至 5 万克朗（9 841 美元）之间。其中，独立房屋价格 3 万克朗/每平方米，多层住宅 4.0 万克朗/每平方米，环境较好区域为 5 万克朗/每平方米。一般宾馆住宿价格也在每天 1 000 克朗至 3 000 克朗。2008 年以来，挪威房价及租金呈下跌趋势，到 2008 年年底下跌 2.5%，预计到 2009 年年底再下跌 4%。租赁价格：60 平方米住房，月租金在 8 000 克朗（1 454 美元）至 12 000 克朗（2 200 美元）之间。

（六）建筑成本

自 2004 年以来，挪威建材价格大幅度上涨。

表 2-14 2008 年挪威房价以及建筑成本

栏　目	奥斯陆价格		挪威全境价格	
	克朗/平方米	美元/平方米	克朗/平方米	美元/平方米
独立房屋	30 000	5 904	22 000	4 330
公寓	40 000	7 873	30 000	5 904
高档房屋	50 000	9 841	40 000	7 873
办公楼建筑成本	25 000	4 920	22 500	4 429
厂房建筑成本	17 000	3 346	15 000	2 952

表 2-15 2008 年奥斯陆市场主要建材价格及变动情况

品　名	价　格		与 2007 年同期相比（%）
	克朗/吨	美元/吨	
水泥	20 000	3 937	+2

续 表

品 名	价 格		与 2007 年同期
	克朗/吨	美元/吨	相比（%）
钢材	38 000	7 479	+7
混凝土	30 000	5 905	+2
粗沙	650	128	+2
混合石料	750	148	+2
混凝土产品	30 000	5 905	+2

第三章　挪威对外国投资合作
的法规和政策

一、外贸的法规和政策规定

（一）贸易主管部门

挪威主管贸易的政府部门是贸工部。贸工部的主要职责是：负责制定和协调国家的工业政策，双边经贸关系；制定出口和航运政策，提供商业咨询服务；制定和完善有关贸易和工业的法令、法规；促进工商领域的研发工作，管理部属国有企业。

（二）贸易管理法律体系

挪威与贸易相关的主要法律包括：《海关法》、《外汇管理法》、《外汇交易登记法》、《食品生产和食品安全法》、《价格法》、《消费品质量法》、《竞争法》、《进出口交易法》、《破产法》等。此外，根据 EEA 协议的规定，在挪威的贸易活动还必须遵守 EEA 联合委员会决议所通过的欧盟法律。

（三）贸易管理的相关规定

挪威没有关于外贸经营权的限制，凡是在挪威注册的企业均可以从事国内和对外贸易业务。除少数商品受许可证、配额等限制外，其他外贸商品均放开经营。挪威外交部负责制定、修改和废除有关进口限制的法规，环境部、渔业和海岸事务部、农业和食品部在各自负责的领域也具有相应的职权。

【进口管理】挪威基于环境保护、健康、安全、卫生和动植物检疫的目的，对特定产品禁止进口，如石绵和含石绵产品、含氟氯化碳、四氯化碳、三氯乙烷及其他破坏臭氧层的产品、带有特定疾病和濒危的动植物等。此类禁止可以针对特定国家的特定进口产品实施。

挪威对进口某些农产品实施进口许可制度。出于监管目的，对从最不发达国家进口面粉、谷物和饲料等实施自动许可。对农产品领域的马、奶酪、肉产品、干草、烟叶等实施配额管理，进口商须提前申请许可证。此外，挪威还对武器、弹药等军用物资、酒精饮料、医药产品、钻石等实施进口许可证制度。进口配额一般通过招标的方式发放。除了野生动物肉的进口商的最高限额是配额总量的20%外，其他单个进口商最多可获得整个配额的一半。

【出口限制】挪威基于环保、人身健康、遵守国际公约的要求而实施出口限制。挪威禁止出口濒危动植物及其制品、有毒废品、假冒产品等。小须鲸肉、武器、战略物资、弹药和其他军事装备的出口需要获得许可证。文物未经文化和宗教事务部批准不能出口。出口鱼及鱼产品，出口商必须获得挪威海产品出口理事会（Norwegian Seafood Export Counsel，即NSEC）的批准，还要缴纳出口产品价值的0.2%~1.05%不等的费用，作为渔业和水产品研究基金与NSEC的经费。

（四）进出口商品检验检疫

进出口商品质量检验检疫制度是对外贸易的重要安全保障。挪威参照欧盟的有关商检法律、法规，建立了较为完善的进出口商品检验检疫制度。挪威卫生部、农业和食品部、渔业和海岸事务部负责进出口商品检验检疫政策的制定，食品安全局是执行机关，食品安全局下属的口岸检验站负责具体的检验检疫活动。挪威进出口食品实施统一的检验检疫标准。

【农产品】挪威参照欧盟做法建立了自己的农产品进口检验检疫制度。在EEA内，农产品实现自由流动，但对来自于非EEA的第三国的农产品，则实施严格的检验措施。需要指出的是，挪威2003年食品生产和食品安全法取代了原来的食品控制法、肉产品生产法、鱼产品质量法、动物疾病法和饲料控制法，整合了原来零散的法律规定，是挪威食品管理方面的基本法律。依照该法专门成立了国家食品安全局，全面管理与食品安全相关的事务。

【动物】适用欧盟的检疫和食品法，对生产、进口动物及其制品进行规范，预防动物疾病。挪威对进口动物及其制品，要求产品在生产阶段即受到出口国政府的监管。当从 EEA 之外的第三国进口动物源性食品时，每次运输都必须提前申报并在海关监管之下进行。从 EEA 以外国家进口含有肉或鱼的饲料，必须获得进口许可证。

【植物】挪威 2000 年植物及植物病虫防治法规对植物检疫做了规定，其内容与欧盟基本一致。进口特定植物及其制品、复合肥等需要出口国政府出具相关证书。EEA 以外国家向挪威出口植物产品还须缴纳植物检疫费。

（五）海关管理规定

【管理制度】挪威海关法规主要是 1966 年的海关法及随后的若干修正案。这些法律、法规对海关通关须提供的文件、通关程序、海关估价、原产地规则等做了详细的规定。进口产品的具体税率在上一年度结束前由议会立法决定。

【关税税率】挪威对世界贸易组织成员实行最惠国待遇，对它们的产品按协定税率征收关税。根据一些优惠协议，挪威与部分国家在关税上还有特殊安排，或者单方面给予发展中国家特殊待遇。挪威对从最不发达国家的进口基本免税；从 1971 年始对发展中国家实行普遍优惠待遇，对它们的大多数产品的进口免征或降低关税。由于挪威属于 EEA 成员国，根据 EEA 协定，自其他 EEA 成员国进口的工业品免关税，对进口农业品实施低关税。挪威海关估价是以实际成交价值为依据，即进口商为购买商品实际支付或能够支付的货物价值加上一定的费用和开支。进口商通关时需要提供商业发票、提单，根据需要提供原产地证书，对活动物、奶制品、蛋、蜂蜜和水果等产品还需提供检疫证书，对草类包装材料还须提供包装材料证书。进口申报通过电子系统处理，一般情况下，如果向海关提交的书面文件无误，平均 3 ~ 5 分钟即可完成一个通关手续。

挪威整体关税水平比较低，平均最惠国税率为 7%，但工业产品和农产品的关税差别极大。2008 年挪威关税包含有 7 033 个 8 位数的关税细目，其中工业产品领域 5 691 个，农产品领域 1 342 个。工业产品中，只有 299 个有关纺织品和服装的关税细目须缴纳平均约 3.1%（0 ~ 13.7%）的进口关税，而约95%以上的工业品实行零关税。工业品平均关税约为0.7%。农产品中，动物及其制品平均进口关税为129.2%，奶制品平均为60.3%，谷物平均为41.7%。约34%的农产品关税细目实行零关税，其他农产品最高关税达555%（活鸡）。农产品平均关税约为37.6%。

表3-1　挪威有关商品的进口关税

商品名称	关税税率（%）	商品名称	关税税率（%）
农产品	0～555	自行车、摩托车	0
纺织品、服装	0～13.7	陶瓷产品	0
鞋	0	电器产品	0

资料来源：挪威海关

二、对外国投资的市场准入有何规定

（一）投资主管部门

挪威主管国内投资和外国投资的政府部门是创新挪威（Innovation Norway）。创新挪威成立于2004年1月1日，它作为挪威贸工部下属国有公司，取代原挪威旅游协会、挪威贸易理事会、挪威工业和地区发展基金以及政府投资者咨询办公室四个机构。创新挪威总部设在奥斯陆，在挪威19个郡设有办事处，在海外30个国家和地区设有36个办事处。

（二）投资行业规定

挪威没有关于鼓励外国人投资行业的规定。外国投资者可以获得挪威企业的股份或成为挪威企业的合作伙伴，并可以100%地拥有挪威企业。挪威政府总体上对各种投资持欢迎态度，对外国投资者实行国民待遇，没有特别的减免税鼓励政策。一般的投资优惠政策多由地方政府根据地方经济发展的需要自行制定，其形式多为向投资者提供基础设施齐全的廉价工业用地。这种优惠是面向所有投资者。在欠发达地区，当地政府会通过多种非税收措施吸引外来投资。

【禁止的行业】挪威没有关于禁止外国人投资的行业规定，但从实际操作来看，外国人投资挪威的军工、农业、渔业获得批准的可能性很小。

【限制的行业】公共事业部门不对私人投资者开放。但近年来，电信业和广播电视行业正打破国家垄断，有限地向私人投资者开放。在采矿及水力发电方面，外国投资者很难得到经营许可证。此外，外国投资者要进入挪威渔业和海洋运输业，要受到投资限额、管理层挪威国籍人的比例等一系列限制。

【鼓励的行业】政府基本上没有行业、产业鼓励政策。由于国家不希望过度依赖石油、天然气工业，所以，在油气领域之外的投资，在特殊条件下可能得到当地政府的鼓励。

（三）投资方式的规定

【跨国兼并】挪威对公司收购和兼并的规定主要体现在《竞争法》和《金融机构法》中，前者主要对具有反竞争特点的合并或收购进行规范，后者对银行、保险公司和其他金融机构的兼并行为进行了规定。挪威《证券交易法》和《有限公司法》也包含有关公司兼并的条款。根据挪威竞争法的规定，如果拟兼并公司双方的年营业总额达到 5 000 万挪威克朗，兼并公司需要通知挪威竞争署。挪威竞争署如果发现公司兼并行为将会产生限制竞争的后果时，将进行干预。根据金融机构法规定，如果持有金融机构的资本或投票权达到 10%、20%、25%、33%或50%时，则需要得到挪威金融监管局（Kredittilsynet）的批准。

【股票收购】根据《证券交易法》，如果一个购买者获得在奥斯陆证券交易所上市公司的股份或股权达到或超过该上市公司总股本或总股权的 1/20、1/10、1/5、1/3、1/2、2/3 或 9/10 时，购买者需要向证券交易所报告。同样，如果一个购买者拥有一个上市公司的股份或股权减少了上述比例，也应及时报告证券交易所。证券交易法还规定了强制收购制度，如果购买者获得一个在奥斯陆证券交易所上市的挪威公司代表 1/3 以上投票权的股份，购买者须向其他持有该上市公司股票的股东发出收购全部股票的要约，该要约须经证券交易所审批。股票交易必须在挪威国家证券登记中心（Norwegian Central Securities Depository）或其他挪威登记机构进行登记。

【外国公司在挪威上市】奥斯陆证券交易所对于外国公司和挪威公司上市的条件基本一样。外国公司如果准备在奥斯陆上市须与奥斯陆证券交易所签订公司证券上市协议。外国公司可以通过收购挪威上市公司的方式达到在奥斯陆上市的目的。

三、挪威关于企业税收的规定

(一) 税收体系和制度

挪威属于属地税法。挪威当地企业（resident company），要对其来自于世界范围的收入缴纳公司所得税。所谓挪威当地企业，是指根据挪威法律设立或受到设在挪威的董事会有效管理的企业。而非当地企业，则仅对来自于挪威境内的经营收入缴纳公司所得税。

在挪威，财政部是税收的最高主管机构，负责制定国家有关税收的法规。挪威在奥斯陆设有税收管理局，在全国的东、西、南、北、中五个区内设立税收办公室，这些办公室负责税收征税事务。税务局负责税务管理，指导地方税务局的业务工作，确保全国范围内税收工作的正确与统一。地方税收办公室负责辖区内的税收管理，负责税务登记。挪威的税收分直接税和间接税两种，包括公司和个人所得税、财产税、社会保险费（social security contributions）、继承和赠与税、增值税、消费税、关税等。

(二) 主要税赋和税率

【公司和个人所得税】挪威对内外资公司实行统一的所得税。挪威当前的公司所得税税率是28%。合伙和有限合伙在挪威是合法的，但它们并非纳税主体，合伙人直接以其持有的股份收入缴纳个人所得税。另外，在挪威从事石油、天然气开采和管道输送的公司须在28%的公司所得税外、扣除成本后再缴纳50%的石油特别税。个人所得税征收实行级差税制，工资收入越高须缴税越高，目前个人所得税最高税率为51%。值得指出的是，挪威在2005年对税法做了重要改革，对于公司实体所拥有的股票的分红收入和出售股票的收入免征所得税，而对于个人所拥有的股票的分红和出售收入仍须缴纳所得税。

【增值税】在挪威境内销售商品或提供应纳税服务应当缴纳增值税。目前挪威一般增值税税率是 25%；食品增值税税率为 14%；提供客运服务、出租房屋、旅游代理、广播、电影售票等服务的增值税税率均为 8%；出口商品或服务、报纸、书和期刊等增值税税率为 0。从事商业活动且提供商品或应纳税服务的年营业额达到 5 万挪威克朗的人应当进行缴纳增值税登记。外国人在挪威经营业务，符合要求的也要同挪威当地人一样缴纳增值税。外国企业仅仅向挪威提供商品或服务的，不须向挪威缴纳增值税，而挪威进口商则负有缴纳增值税的义务。

【消费税】消费税是对特定商品和服务征收的一种间接税，不分自国外进口还是国内生产都一律征收。对汽车的消费税包括购置税、年税、旧车注册税和油气税，计算方法复杂，按排气量、发动机马力、汽车净重等计算标准综合计算。对烟草和酒精饮料（根据所含酒精度数不同而规定不同的税率）征收的消费税是政府消费税的主要来源。由于挪威国内汽车、烟草和酒精类产品的产量很小或基本上不生产，高额的增值税和消费税主要落在进口产品头上。

【社会保险费】雇主须缴纳社会保险费，以雇员工资总额为基础，缴纳比例根据所处地区不同而有所区别，0～14.1% 不等。雇员须缴纳工资额 7.8% 的社会保险费。

【继承和赠与税】以继承或赠与的财产为基础，税率为 0～30%。

【其他税赋】符合规定条件的企业还须缴纳食品生产税、矿泉水税、宠物饲料税、化妆品和护肤品税，二氧化碳税（与石油和天然气开采活动相关）。另外还有食品检查和控制费。对个人而言，如果拥有的房产和非上市股份超过一定数额，还须缴纳最高达 1.1% 的财产税。

四、挪威对外国投资有何优惠

（一）优惠政策框架

挪威对外国投资实施国民待遇，没有特别的优惠措施，也没有规定对哪个行业的外资进行鼓励。有关经济政策对外国投资者和挪威当地人同样适用。挪威对企业研发、中小企业和落后地区提供财政补贴等一系列优惠政策；对农业、渔业、运输业和制造业等部门提供补贴。

（二）地区鼓励政策

挪威的地区鼓励政策主要由国家的地方政府和地区发展部负责，主要是针对北部落后地区，对外国投资没有特殊优惠。地区鼓励的主要方式是通过地区发展资金项目（regional development grant）对中小企业提供补贴，支持中小企业与研发中心合作，推动创新。

在挪威，所有雇主都要根据雇员的工资总额缴纳社会保险费。为鼓励国家北部的经济发展和就业，雇主所缴纳的社会保险费随着其所处的地区不同而有差异。挪威分为五个地理区域，一区包括挪威南部的最中心部分；二区包括挪威南部靠近中心部分；三区主要是挪威南部的一些山区；四区包括南部挪威的最靠北部分和五区以南的北部地区；五区包括挪威最北部、特隆姆瑟和芬玛克地区。一区的雇主缴纳的社会保险费比例最高，达14.1%，依次递减，五区则免缴社会保险费。此外，雇主缴纳社会保险费的比例也因其支付的工资总额、经营的商业类别不同而有所差别。

五、挪威关于劳动就业的规定

（一）劳工法律的主要内容

挪威有关劳动合同和劳工保护的内容主要体现在《工作环境法》和《雇员法》中。

【工作环境法】《工作环境法》是挪威有关劳动保护的基本法律。该法规定了员工劳动保护以及工作环境等有关事项，适用于除航运、狩猎、捕鱼、石油以及航空业以外的所有雇佣员工的单位。它对员工工作环境和员工发生工伤和疾病等做出规定；它要求企业任命一名负责安全工作的副总裁，成立工作环境小组，专人负责安全和健康工作；它还对员工休假权、工作时间和超时工作以及解雇条件做出了规定。

【雇佣合同】在挪威必须以书面的形式签订雇佣合同，无论工作有无时限。私营企业雇佣员工须遵守《雇员法》相关规定。双方就试用期达成一致，签订书面协议，试用期不能超过 6 个月。对在公共部门工作，除适用《工作环境法》外，还适用《行政管理法》。对在国家机关工作的工作人员，还要适用《公务员法》。此外，在《平等法》中也有关于工作的规定。

临时聘用工作协议仅适用于某些确定的时段或从事具有临时性的工作。在下列情形下，可以临时聘用员工：1. 当某项工作是临时的，或者这项工作和企业日常工作是单独分开的，如食品行业或旅游行业工作。2. 采摘浆果和坚果、导游、夏季户外餐馆招待员等。临时聘用的员工不能从事企业日常营运工作。市场发生变动不能作为临时聘用的理由。但是，当发生不可预期的情况导致工作量临时增加时，则允许临时聘用员工。

根据《工作环境法》，年龄在 13 岁到 15 岁未成年人可从事的工作受到法律限制。16 岁以下的人不能在 21:00 – 7:00 时段工作，16 ~ 18 岁的人不能在 23:00 – 06:00 时段工作。

【雇主的义务】挪《工作环境法》规定了雇主义务。雇主须确保企业的建立和运营，工作计划、组织实施措施符合《工作环境法》规定的要求。为确保员工安全、健康和福利，雇主须在企业各个层面做到如下几点：当计划建立新厂、厂房改造或改变生产工艺和设备时，要依据《工作环境法》对工作环境和改革措施进行研究与评估；对企业现有的工作环境中存在的风险及有关措施实施不间断记录；当长期工作可能危害员工健康时，要不间断地核查工作环境和员工健康；雇主在雇佣从事夜晚工作的员工前，须具备相应的健康控制措施，雇佣后要周期性检查员工健康；雇主要告知员工在工作中可能遇到的事故风险和健康危害，并对员工进行必要的培训、练习和指导。

【雇员的义务】挪威《工作环境法》第 16 条规定了员工义务。通过企业有组织的安全和环境工作，员工可参与创建安全可靠的工作环境。雇员须按照上级和劳动监察部门的指导和指令开展工作，使用适当的劳保设备，细心作业，防止发生意外伤害事故。当员工在工作中受到伤害，或确因工作环境感染疾病，要及时向雇主或其代表报告。公司负责安全监督人员须在其职责范围内监督工作按计划进行，确保员工的安全和健康。

【职工生病和工伤等规定】雇员生病后的工资从病假的第 17 天起按照平时收入的 65% 发放。此外，还可从国家自愿附加安全保险获得相应的补偿。国家保险体系对工伤有特殊规定，对雇员工伤补偿是强制性的。个体户和自由职业者不受此规定约束。

【解除工作合同】《工作环境法》第 12 条对解雇进行了规定。对于政府机关工作人员解雇适用《公务员法》。对海员包括海上从事捕鱼业的渔民的解雇适用于《海员法》。符合以下条件时，按照《工作环境法》规定进行解雇：雇主解雇员工须以事实为依据。解雇须由雇主提供正式的书面通知。雇主解雇员工时须将书面通知递交雇员或通过挂号信送达，书面通知中须注明雇员有权要求进行磋商、诉讼及其期限。若因工作量不足解雇员工，雇主须提供优先得到新工作权利的信息。解雇书面通知书抵达雇员之前不能生效，雇员收到通知时间为确定解雇起始时间。当雇员遭到非法解雇时，可与雇主交涉，必要时可起诉雇主。如果雇员确实犯有严重失职罪或严重违反工作协议时，雇主可立即辞退雇员。如果雇员不反对，雇主应先告知雇员代表，并以书面形式出具辞退书，注明雇员有权要求磋商、诉讼雇主等权利及其期限。

【社会保险】挪威的社会保险由雇主和雇员共同缴纳，有关缴费数额见第三章内容。当雇主计划雇佣员工时，必须通知工作所在地的市政府社会保险局。如果保持工作关系超过 6 天且每周平均工作时间超过 3 个小时，还须向社会保险局递交书面通知。公司名称、地址或营业场所发生变更时，雇主须通知社会保险局。向社会保险局递交通知时，须注明公司的组织机构代码，该代码由挪威企业注册局的法人注册处颁发。终止雇佣员工，或者员工休假或下岗（带薪或不带薪）超过 14 天，须向社会保险局递交书面通知，但如果休假员工仍保留岗位且领取雇主工资则没有必要通知社会保险局。此类信息至少每月向社会保险局递交一次。

（二）外国人在当地工作的规定

挪威移民局根据《移民法》和《挪威国籍法》处理签证、工作许可证、居住许可证、家庭团聚等事务。可以在挪威工作和居住的人包括：被认可的教育机构录取的学生；某一特定领域的专家；家佣；季节工人；家庭成员

（一般指配偶和子女）；需要保护的人（难民或寻求庇护者）；实习生。

一般情况下，申请办理居留或工作许可时，申请者在所在国提出申请。申请人未获得批准前不得进入挪威，对于某些特定领域的专家，则不受此规则限制。对上述不同类型的人，还有不同的特殊要求。比如批准给专家的工作许可，三年后即可批准其在挪威永久住居。但对批准给季节工人的工作许可则有时限。

除非外国人拥有工作许可，否则雇主不能雇佣外国人。

六、外资公司参与当地证券交易的规定

对在挪威注册的外国公司参与证券交易与本土公司享受同等待遇。

七、对环境保护的有关法律规定

（一）环保法律部门

挪威政府主管环境保护的部门是环境部，它负责执行挪威政府的环境保护政策。环境部不但自行制定、发布、实施有关环境保护政策，而且还协调政府其他各部的环境保护计划和措施。除了中央政府设有环境部外，各郡也都下设规划和环境局，负责协调和管理本地区的环保工作，并由专人负责。

网址：http：//www. regjeringen. no/en/dep/md. html？id＝668。

（二）主要环保法律法规名称

挪威涉及环境保护的基础法律是《污染控制法》、《产品控制法》和《温室气体排放交易法》。其他涉及环境保护的法律法规包括：《计划和建设法》、《环境信息法》、《森林法》、《自然保护法》、《斯瓦尔巴德环境保护法》、《基因技术法》、《未耕地和河道的汽车交通法》、《污染控制实施法规》、《环境影响评估法规》、《废物回收实施法规》、《对赴斯瓦尔巴德征收环境费有关法规》、《基因技术影响评估法规》等。

（三）环保法律法规基本要点

在企业环保方面，挪威颁布了一系列法规，从以下四个方面规范企业的生产和经营：一是工作环境和安全保障；二是控制污染；三是防止企业的产品或服务伤害消费者的健康或破坏环境；四是不断提高企业对废弃物的处理水平。

根据挪威环保法律的规定，在计划和建筑过程中，必须防止不必要的环境破坏，任何违反环境保护法律的行为都将受到法律制裁。挪威环保法规定企业生产前对环境影响评估的要求、不同类别的污染物排放标准、特殊垃圾的处理办法、减少污染的设置及其效果等，对于可能造成重大污染的项目需要提前举行听证会并申请排放许可。国家建立紧急污染应急机制，以处理突发性的重大污染。挪威还建立了环保检查制度，政府每年对企业的环保工作进行一次抽查。产品控制法对可能造成人身损害或环境污染的产品的生产者、经营者的责任义务，产品安全要求等做了规定。温室气体排放交易法对温室气体总的排放许可配额、许可配额的分配和交易等进行规范。对于违反环保管理规定的行为视其情节轻重，可以处以罚金和监禁的处罚。

八、挪威对外国公司承包当地工程的有关规定

（一）相关法律

挪威没有专门针对承包工程方面的立法。有关承包工程的规定参考《政府采购法》。挪威是 WTO 政府采购协议的成员方，挪威政府采购法严格遵循国际有关政府采购的规定。

近几年，挪威公共采购（包括政府采购、公共事业采购等）随着挪威经济发展而不断增长。1996 年，挪威公共采购总额为 351 亿克朗（约 44 亿美元，以当年汇率均价折算，下同），2008 年增长至 3 800 亿克朗（约 675 亿美元），比 1996 年增长了 15 倍多。

2005 年以前，挪威政府采购最低金额为 20 万克朗（约 3 万美元）。考虑到实施政府采购过程中广告、宣传以及评标等成本因素，2005 年以后将最低

限额提高至 50 万克朗（约 8 万美元）。2005 年，挪威行政与改革部就建设政府采购网进行了国际招标，Millstream 协会取得了代表挪威行政与改革部建设政府采购网的资格，公共采购网址为：Http：//www. doffin. no，参与政府采购的买方和卖方均须在该网站进行注册和信息发布等。根据 WTO 的 GPA 或者 EEA 协议，超过 165 万克朗的公共采购招标信息，除在 Http：//www. doffin. no 网公布外，还须通过欧盟官方杂志（Official Journal of EC，OJEC）以及每日电子招标数据库（Tenders Electronic Daily，TED）向欧盟通报，将拟采购货物和服务的主要内容在欧盟境内发布。

（二）招标方式

挪威的招标方式有三种，包括公开招标、选择性招标和议标。采取选择性招标时，参加竞标的候选投标商至少要有 5 家。在特定情况下，可以采取议标的方式，招标方通过谈判来确定中标者。

（三）处理纠纷

1994 年以后，参加挪威政府采购的供应商如对其申请参加竞争项目有异议，可以向法院提出诉讼。如果判定发标机构存在违法行为，法院有权中止相关公共采购合同，并要求发标机构给予申诉供应商相关补偿。所有 GPA/EEA/EFTA 成员国供应商均有权对公共采购过程中违规行为提起诉讼。供应商可以直接向发标方反映存在的问题，也可以向法院提出诉讼。此外，此类诉讼也可以提交 EFTA 监督局，EFTA 监督局可以要求 EFTA 法院处理相关案件。

2003 年 1 月，挪威成立了公共采购投诉局（Public Procurement Complaint Board），目的是更好地执行政府采购有关法律、法规，以更快捷、更灵活的方式解决有关纠纷。此外，该局也发表有关政府采购的意见和见解，对有关法律、条文进行合理解释，提高公众参与政府采购能力。挪威公共采购投诉局是一个由 10 位资深律师组成的独立机构。虽然该局的意见并不具有法律效力，仅供参与公共采购各方参考，但事实上，几乎所有的投诉案例中，当事人均采纳了该局的意见。

挪威法律规定，在一项公共采购合同签订后 6 个月内，所有参与该合同竞争的供应商均有权向投诉局提出投诉。投诉局收到投诉后，可以要求发标方在解决投诉前推迟执行相关合同。投诉局成立至 2008 年 1 月，共受理 850 件投诉，平均解决 1 项投诉时间为 90 天。投诉局制度的设立，在很大程度上降低了参与竞争企业寻求解决涉及公共采购纠纷的法律门槛，减少了诉讼案件，缓解了矛盾，提高了解决争端的效率。

九、中国企业在挪威投资的有关保护政策

中国和挪威政府于 1984 年 11 月签订了《中华人民共和国和挪威王国关于相互保护投资协定》，1986 年 2 月签订了《中华人民共和国和挪威王国关于对所得财产避免双重征税和防止偷漏税协定》，1995 年 6 月签订了《中华人民共和国和挪威王国关于保护知识产权的谅解备忘录》。

十、挪威有关保护知识产权的规定

挪威涉及保护知识产权的法律、法规包括《专利法》、《专利法实施法规》、《外观设计法》、《外观设计法实施法规》、《商标法》、《商标法实施法规》、《标志保护法规》、《竞争法》和《著作权法》等。挪威是国际《保护工业产权巴黎公约》、《商标注册用商品和服务国际分类尼斯协定》和世界知识产权组织的成员国，有关知识产权保护也要遵守国际公约的规定。贸工部下属的国家工业产权办公室负责专利权、商标和外观设计的审查和批准。

（一）当地有关知识产权保护的法律、法规

根据《专利法》和《专利法实施法规》规定，专利保护期为 20 年，从递交专利申请之日起开始计算。对于医药和植物产品保护的发明专利保护期可以增加到 25 年。在专利保护期内，专利权人需向工业产权办公室缴纳年费。有关专利规定的查询网址为：http：//www. patentstyret. no/en/english/Legal_texts/。

根据《商标法》和《商标法实施法规》规定，商标权的取得基于注册原

则。商品商标、服务商标和集体商标可以申请注册。商标注册的有效期为 10 年，自注册之日起计算，期满可以申请延期 10 年，可以反复申请延期，没有次数限制，也即对商标权可以无限期地保护。商标权可以转让。有关商标规定查询网址：http：//www. patentstyret. no/en/english/Legal_ texts/。

《外观设计法》和《外观设计法实施法规》对外观设计的申请程序、独创性要求等做了规定。外观设计保护期为 5 年，从申请之日起算，期满可以申请延期，每次延长 5 年，但最长不超过 25 年。

《著作权法》对文学、艺术和科学作品作者的著作权保护做了规定。著作权的保护期为作者终生及死后 70 年。匿名作品的保护期为从发表第二年起 70 年。

（二）知识产权侵权的相关处罚规定

对于侵犯专利权、商标权、著作权等知识产权的行为，根据侵权行为的情节和性质，侵权者依法可能被判处罚金、赔偿经济损失或监禁的处罚。挪威海关可以扣押申报进口的侵犯知识产权的商品。

十一、与投资合作相关的主要法律

《挪威企业注册法》对需要注册的企业类型、注册需提供的资料、注册通知的发送、核实以及错误更正、信息咨询、上诉、法律实施以及过渡性条款等方面进行了详细规定。同时，针对企业名称使用和相关服务收费也有明确的实施细则。

《破产法》对于破产的条件、程序、清算，以及债务重组等进行规定。对于破产申请的条件，被申请企业必须是无力清偿到期债务，且资产不足于清偿全部债务。

《海关法》对海关通关须提供的文件、通关程序、海关估价、原产地规则等做了详细的规定，并规定了对于违反海关法行为的惩罚措施。

《竞争法》对竞争执法机关、限制竞争行为及其处罚措施、经济集中行为及其处罚措施、执法机关搜查证据、经济集中强制性报告制度、执法机关处理案件的时限等内容进行了详细的规定。

《价格法》对不合理价格的认定、信息提供的义务、刑事处罚和非法额外所得的偿还等做了规定。所有故意或由于过失违反该条例的人，将被处以罚款或判处三年以下监禁。

《进出口贸易法》规定了国王禁止某些商品的进出口或对这些商品的进出口要求特别许可证的权利，进出口经营者向主管机构提供相关信息的义务，以及对违规行为的处罚规定。

此外，挪威涉及投资的有关法律还包括各种税法、合伙法、基金法、破产法、私人有限公司法、公共有限公司法、证券交易法、会计法等。

第四章 在挪威开展投资合作的相关手续

一、在挪威投资注册企业需要办哪些手续

（一）设立公司的形式

根据《挪威公司法》规定，挪威设立公司的主要形式有：分支机构（branch）、有限责任公司（AS）和股份有限公司（ASA）。此外，在挪威以合作形式参与上述三种公司经营也较为普遍。

【分支机构】国外企业设立分支机构在挪威开展经营活动的最大优点是容易开张和关闭。分支机构并不是一个独立的法人机构，是一个在挪威注册的国外企业的办事处。注册申请时，不要求资本金。在挪威经营的收益可以毫无限制地汇往其公司总部。同时，公司总部对其在挪威分支机构债务承担无限责任，即使分支机构关闭了，公司总部也须偿还其在挪威分支机构的一切债务。

如果国外企业不希望在挪威注册分支机构，也可以通过经纪人或其代表处在挪威开展经营活动。

【有限责任公司】国外企业可以在挪威设立有限责任公司（私人公司）和股份有限公司（公众公司），其投资方或股东仅以其资本金为限承担责任。

【合作经营】国外公司也可以通过在挪威的合作伙伴开展经营活动。通常有以下几种合作形式：

1. 一般合作（ANS）：所有合作方承担经营活动的无限责任。

2. 分担合作（DA）：合作方按照事先达成的比例承担经营活动的无限责任。

3. 有限合作（KS）：合作方至少有一方承担经营活动的无限责任，至少有一方按照事先达成的比例承担有限责任。

4. 内部合作（indre selskap）：合作方至少有一方承担经营活动的无限责任。如果经营活动只有一方，那么还须选择一个沉默的合作方，该合作方可能承担经营活动的无限责任或按照入股比例承担部分责任。沉默的合作方始终在合作的内部，在经营活动过程中不会出面对任何第三方。通过这种方式合作，通常是有特定的需要，如公司同税务、法律和会计顾问之间的合作。

（二）注册企业的受理机构

挪威负责企业注册的机构是挪威企业注册局（Foretaksregi steret），位于北部 Brønnøysund 镇。该机构隶属于挪威贸工部，注册登记有挪威近 40 万家企业、230 万份企业年度会计报告资料，此外，还负责破产登记、动产抵押登记和婚姻登记等。其英文网址为 http：//www. brreg. no/english

根据《挪威公司法》，所有有限责任公司和超过 1 人所有的公司，须在挪威企业注册局注册。从事货物贸易的个体户，如果其雇员超过 5 名，也须注册。其他个体户企业可自愿注册，但不是强制性的。

在挪威，以下特殊行业还需要其他相关政府部门批准。

1. 从事驾驶教练、医生、理疗师、审计师、会计、律师、证券经纪人、不动产经纪人等须获得相关从业资格。

2. 从事咖啡厅、餐馆等餐饮企业，须获得所在地市政部门的批准。

3. 从事出租车业务、救护车业务、公共汽车和其他类型的公共交通业务须向当地政府交通局提交申请，办理许可。

4. 从事旅行社、旅游公司等旅游业务企业须提供个人和集体担保。

5. 从事医药产品推广、进口或销售企业须获得挪威医药管理局（Statens legemiddelkontroll）批准。

挪威医药管理局联系方式：地址：Sven Oftedalsvei 6，0950，Oslo，Norway 电话：22 89 77 00，传真：22 89 77 99 电子邮件：slk @ slk. no，网址：www. slk. no

（三）注册企业的主要程序

【注册分支机构】在挪威申请注册分支机构时，挪威企业注册局将审查以下内容：经营范围、在挪威从事经营活动时间、雇佣挪威当地人情况、与挪威企业或个人有无其他协议等。申请注册分支机构时，填写注册表格，缴纳2 500挪威克朗费用，通常需要2~3周时间即可完成注册。

设立分支机构时，并不一定要求分支机构设独立负责人或总经理。如果有，该负责人或总经理享有签字权。如果没有，挪威企业注册局要求分支机构指定一位具有挪威国籍的当地人作为联系人，联系人可以是个人或挪威企业（如会计公司等）。

当母公司决定关闭在挪威的分支机构时，挪威企业注册局将注销其注册号。

【注册有限责任公司】通过互联网登录挪威企业注册局，提交注册有限责任公司申请，也可以填写注册申请表，并支付6 000克朗注册费。通过互联网申请注册通常3~4天即可完成；通过填写纸制申请表申请则需要2~3周时间完成。

申请注册有限责任公司时，除填写注册申请表外，还需提交以下资料：

1. 公司章程：包括公司类型、挪威办公地、业务经营范围、注册资本、股东、董事会组成、签字授权人姓名及签字样、股东大会职权范围等；

2. 公司发起人或公司的证明：名称、地址、人口号（注：个人唯一的身份号）或公司注册号；

3. 如有特别决定权或特别股权，需做出说明；

4. 如有非现金形式入股，需做出说明；

5. 在公司成立前4周内，由注册或国家授权的审计师签字的启动资金证明。

《挪威公司法》规定，一个或几个人，或者法人可以申请成立有限责任公司，其资本金不得低于10万克朗；对于股份有限公司，资本金不得低于100万克朗。有限责任公司的董事会及企业领导人中至少半数成员享有挪威永久居住权。

此外，国外企业也可以直接购买现存的挪威有限责任公司。

【注册合作经营公司】除内部合作经营外，其他形式的合作经营须在挪威企业注册局登记。一般合作和分担合作经营的注册申请可通过互联网申请注册，通常 3～4 天即可完成，注册费为 2 500 挪威克朗；有限合作经营的注册申请须从网址上下载申请表，同其他原件资料一同寄往挪威企业注册局，通常要 2～3 周时间完成，注册费为 6 000 挪威克朗。

根据《挪威合作经营法》，除内部合作外，要求合作方须有一份书面合作协议，内容包括合作名称、合作方名称与地址、合作目的、合作方出资情况等。

二、承揽工程项目的程序

（一）获取信息

根据挪威《公共采购法》和《竞争法》及其条例规定，工程项目金额大于 50 万克朗（约 8 万美元），小于 165 万克朗的公共采购招标项目应在挪威国内发布；大于 165 万克朗的，不仅在挪威国内发布，还须向欧盟通报。公共采购网址为：Http：//www. doffin. no，参与政府采购的买方和卖方均须在该网站进行注册和信息发布等。

根据 WTO 的 GPA 或者 EEA 协议，超过 165 万克朗的工程招标信息，除在 Http：//www. doffin. no 网公布外，还须通过欧盟官方杂志（Official Journal of EC，OJEC）以及每日电子招标数据库（Tenders Electronic Daily，TED）向欧盟通报。

（二）招标投标

挪威招标方式主要有以下 2 种：

1. 公开招标：参加竞标的候选人至少 5 家。所有公司都可以要求参加，但发标方仅对列入候选的供应商提供招标文件。

2. 议标：当发标方没有一个满意的候选人、招标工作或服务本身性质决定了不可能给出总体报价，或所需服务性质或类型决定了无法向投标人提出规格要求时方可采取议标。采用这种方式，发标方与入围的预选投标人在其报价方案基础上进行协商。如在服务领域，发标方可组织设计比赛，与优胜者进行议标。

（三）许可手续

根据相关 WTO 规则、欧盟指令和挪威法规，对所有加入政府采购协议的成员方、欧盟成员国或欧洲自由贸易联盟（EFTA）成员国给予非歧视和国民待遇。此外，对于既非 GPA 成员方、也非 EU 或 EFTA 成员国，但已与挪威达成自贸区协议的国家，可根据双方就工程招标磋商结果，平等地参与挪威工程招标。

除此以外的国家，可参与挪威工程招标，但无权对挪威工程招标提出异议。

三、如何申请专利和注册商标

挪威知识产权局负责接受和处理新产品、新设计和新技术的专利申请、设计和商标注册工作，并负责就有关专利权的保护等事项提供信息和指导。

联系方式：地址：Københavngata 10，0566 Oslo Postboks 8160 Dep.，0033，Oslo，Norway 电话：0047 22387300 传真：0047 22387301 电子邮件：mail@patentstyret.no

（一）申请专利

根据挪威《专利法》，只有专利的发明者或其单位才具专利申请资格；填写申请表，说明申请发明专利的详细内容、图纸。申请表须采用挪威语，附件可用丹麦或瑞典文。如果使用其他文字，则须由挪威国家授权的或挪威专利局认可的翻译将其译成挪威文。

专利审查一般需要 6 个月。申请人在获得批准后的 2 个月内须缴纳注册费后才可获得专利权。产品和技术的最长期限为 20 年，医药产品的专利有效期可延长 5 年。专利所有人须按时缴纳专利注册年费。

2008 年 1 月 1 日，挪威、丹麦和冰岛三个国家设立了政府间的专利机构——北欧专利局（Nordic Patent Institute，简称 NPI），国际代码为"XN"，为丹麦、冰岛和挪威公民提供专利领域的商业服务。北欧专利局作为国际专利检索和初审单位之一，大大提高挪威专利服务水平。

北欧专利局联系方式如下：地址：Nordic Patent Institute Helgeshøj Allé 81，2630 Taastrup，Denmark 电话：0045 43 50 85 00 传真：0045 43 50 80 08 网址：http：//www. npi. int 邮箱：npi@ npi. int

（二）注册商标

根据挪威《商标法》，商标图文须清晰可见、与众不同，具有与其他商标明显区别的特征。商标可由词或词组、符号或图像、数字或字母组成。非挪威永久居民在挪威申请商标时须指定挪威的代理人并通知挪威知识产权局。商标一次注册的有效期为 10 年，可无限次延长注册。挪威知识产权局有权取消长期不使用的商标。商标注册须缴纳注册费。

四、企业在挪威报税的相关手续有哪些

挪威的税收体系对于外国投资者以及本国投资者一视同仁，纳税方式相同，税率一致。对公司及个人征税时，要根据其在全世界范围内的收入征收。根据挪威税法，挪威税收分为直接税与间接税两种，其中：直接税主要有所得税以及财产税等，间接税主要为增值税和关税等。

（一）报税渠道

在挪威大型企业拥有自己的财务部门，可以自己直接向税务系统申报；对于挪威中小型企业，通常通过专业财务公司代理向税务系统申报。也可以通过挪威网上税务申报系统 Http：//www. altinn. no 向税务部门申报公司所得税、员工所得税、增值税、退税等资料。

（二）报税

【公司所得税】申报时间：挪威公司所得税是按年度计税。通常根据上一

年度经营情况，每年2月15日和4月15日分两次预缴。当最终应缴纳额公布后的3周内，再补缴余额。在4月30日前补交余额可免收利息，否则将予以罚息。

提交资料：每个年度公司所有收入和支出单证（包括员工工资等），按照公司净盈利征计。

【个人所得税】申报时间：挪威雇主须为雇员代缴个人所得税。每年1月、3月、5月、7月、9月、11月份8日前须向税务部门申报员工前2个月的工资、补贴等。每年1月、3月、5月、7月、9月、11月份15日须缴纳个人所得税。如果不能准时提交工资收入报告，将会被罚息。

提交资料：雇主须提交每个员工的收入总额、每个员工的免税总额。雇主根据每个员工的免税卡和其收入总额可以计算出其免税总额。如果员工没有免税卡，雇主只能给员工发放50%收入。

【增值税】对仅从国外进口货物在挪威销售的外国公司，在挪威境内没有营业额，不必缴纳增值税。如果外国公司在挪威从事工商业经营活动，年营业额超过5万克朗，须在挪威增值税注册中心登记。

申报时间：每个合同签订后尽快向当地税务局申报，合同开始执行后不得迟于14天。

提交资料：合同名称、地址和注册增值税号；合同开始或结束日期、合同发生地点以及合同金额。

【缴纳社保基金】无论员工的国籍如何，缴纳社保基金是挪威的一项强制措施。缴纳社保基金分两部分：一是员工缴纳部分，按照员工收入7.8%比例缴纳；二是企业缴纳部分，按照全体员工收入总额按一定比例缴纳，不同地区缴纳比例不同，挪威南部比例最高达14.1%。但对于临时在挪威工作的外国人可申请免缴社保基金。

申报时间：每年缴纳6次。

提交资料：每2个月每个员工收入总额和每2个月企业支付员工收入的总额。

【申请退还增值税】在以下情况下，国外企业可申请退还在挪威采购货物或服务时支付的增值税：

1. 国外企业不须在挪威增值税注册中心登记，且其商业活动在挪威境外进行。

2. 国外企业在挪威增值税注册中心已登记，且缴纳的增值税属于应该免除的。

申报时间：每季申请1次，最长不得超过第2年6月30日。

提交资料：

1. 原始发票：发票须具有编号、日期、挪威卖主名称与地址、卖主增值税号、申请企业名称与地址、购买货物或服务的名称、数量、交货地点以及支付方式等；

2. 在挪威境外从事商业活动说明；

3. 主管部门对上述商业活动证明；

4. 如果申请企业将上述货物出口，须附出口证明；

5. 主管部门分支机构出具有退税证明原件。

五、如何办理赴挪威的工作许可证

（一）主管部门

挪威移民局负责办理工作许可证，挪威劳动与社会融合部对挪威移民局工作进行监督和指导。

挪威移民局联系方式：地址：Postboks 8108 Dep. 0032 Oslo Hausmanns g. 21 0182 Oslo 电话：0047 23351500 传真：0047 23 351501 网址：http：// www. udi. no 邮箱：udi@ udi. no

（二）工作许可制度

1975 年以前，挪威实行较为宽松的自由移民政策。自1975 年起挪威开始移民管制措施。现行的移民政策按照移民来源地分为两大区域，欧盟成员国（EU）与欧洲自由贸易联盟（EFTA）公民自动享受在挪威定居、就业的权力；非上述地区的国家公民，符合下列条件之一的可申请在挪威就业：

1. 专才：受过专业教育或具有专业技能，挪威劳务市场上缺乏的人才；

就业许可证仅对限定的雇主有效，每年续签 1 次，3 年后可申请长期居住权。

2. 季节工：在挪威从事季节性工作，如摘草莓。

3. 渔业工人：从事渔业加工的俄罗斯人可申请在挪威巴伦支海沿岸地区工作 1 年，不得续签。

4. 保姆：被挪威人雇佣的家庭保姆可申请 2 年暂住证。

在一般情况下，申请办理居留或工作许可时，申请者在所在国家提出申请。申请人在未获得批准前，不得进入挪威。

2002 年 1 月 1 日后，挪威政府部分地放宽了对欧盟成员国以外的外籍专业技术人员赴挪威工作的入境管制。新规定如下：

1. 每年引入外籍专业技术人员配额 5 000 名。

2. 专业技术教育程度为中专以上即可。

3. 外籍专业技术人员可先获得为期 3 个月的临时入境签证，再申办工作许可。

4. 第一次就业签证有效期为 1 年，期满后可申请延期，满 3 年可申请长期居住，家属可申请来挪威同住。

（三）在挪威投资的中国企业工作签证

申请对象：申请人须受聘于在挪投资的中国企业；申请人须经相关专业教育或具有相关的专业水平。

申请程序：申请人可以在国内、也可以在国外提交申请。在国外申请时须在当地合法居住 6 个月以上，将申请表格提交到最近的挪威外交机构（包括使馆、领馆）。申请人也可以书面委托在挪威的中资企业向企业所在地的警察局提出申请。

提供材料：申请人除填写申请表外，还须提供以下材料：

1. 申请人同中资企业签订的工作合同；

2. 申请人培训经历：培训课程、时间和培训学校名称等；

3. 申请人工作经历：在以前雇主工作的时间、职责和工作；

4. 申请人简历；

5. 在挪威中资企业工作证明；

6. 护照复印件、相片；

7. 缴纳申请费。

上述所有材料须翻译成英文或挪威文，家庭成员也可以同时申请。申请上述工作许可有效期为 1 年。1 年后可以续签。

六、能够给中国企业提供投资合作咨询的一些机构

（一）中国驻挪威大使馆经商处

中国驻挪威大使馆经商处联系方式：地址：Inkognitogata 11，0244 Oslo，Norway 电话：0047 22449638、22438666 传真：0047 22447230 网址：http：//no. mofcom. gov. cn 邮箱：commerce@ chinese-embassy. no

（二）挪中商会

挪威中国商会（Norwegian-Chinese Chamber of Commerce）成立于 2006 年 3 月 16 日，由来自挪威不同工商领域的企业负责人发起。挪中商会致力于为挪中经贸发展和文化交流提供商务及社交平台。

联系方式：地址：Kongsskogen 40，N – 1385 Asker，Norway 电话：0047 66906434、94763503 传真：0047 91525622 网址：http：//www. nccc. no 邮箱：info@ nccc. no

（三）挪威王国驻华机构

1. 挪威王国驻华大使馆。地址：北京市朝阳区三里屯东一街一号 邮政编码：100600 电话：010 65322261 65323113 传真：010 65322140 65322398 网址：http：//www. norway. cn 邮箱：emb. beijing@ mfa. no

2. 挪威王国驻华大使馆商务处。地址：北京市朝阳区东大桥路甲 8 号尚都国际 2205 室 100020 电话：010 5870 1901 传真：010 5870 1902 网址：http：// www. invanor. no/beijing 邮箱：Beijing. trade@ invanor. no

3. 挪威王国驻上海总领馆。地址：上海中山东一路 12 号 邮编：200002 电话：021 63239988 传真：021 63233938 邮箱：cons. gen. shanghai@ mfa. no 分

管区域：上海、安徽、江苏、福建、江西及浙江省。

4. 挪威王国驻广州总领馆。2008 年 7 月 3 日正式成立。地址：广州市天河北路 233 号中信广场 18 楼 1802 室 邮编：510613 电话：020 3811 3188 传真：20 3811 3199 邮箱：cg. guangzhou@ mfa. no 分管区域：福建、广西、广东和海南省。

（四）挪威投资促进机构

1. 创新挪威（Innovation Norway）。2004 年 1 月 1 日，挪威将原挪威贸易理事会、挪威产业与地区发展基金、挪威政府发明者咨询委员会及挪威旅游局 4 家机构进行整合，成立创新挪威。该机构具有半官方性质，采取企业运作管理模式，主要职能为信息咨询、贸易促进、宣传展览、商务培训和研讨会、旅游推广、商业融资等。创新挪威对挪企业"走出去"开拓国际市场起到了积极的推动作用。挪威驻外使（领）馆中的商务处工作人员由该机构派出。

联系方式：地址：Innovation Norway, Akersgata 13 PO Box 448 Sentrum N – 0104 Oslo Norway 电话：0047 22 00 25 00 传真：0047 22 00 25 01 邮箱：post@ innovasjonnorge. no

2. 奥斯陆投资促进局（OSLOTEKNOPOL）。奥斯陆贸易投资促进局是奥斯陆地区投资促进机构，吸引国外投资，推动挪威首都地区的经济发展。该机构是非营利地方机构，免费为国外企业在奥斯陆地区投资提供协作和服务。

联系方式：地址：Tollbugata 32, 0157 Oslo P. O. Box 527 Sentrum, 0105 Oslo 电话：0047 22002990 传真：0047 22002991 邮箱：info@ oslo. teknopol. no

3. 中部挪威投资促进局（ACCESS MID-NORWAY）。中部挪威投资促进局是挪威中部南特伦德拉格郡及北特伦德拉格郡政府、银行、教育机构、研发机构等出资，于 2006 年成立的半官方机构，其目的是吸引国外资金、人才和项目，促进当地经济发展，并为愿意在中部挪威落户的公司或个人提供免费的建议与信息咨询等服务。

联系方式：地址：Postboks 1760, 7416 Trondheim Norway 电话：0047 73605902 邮箱：post@ accessmidnorway. no

4. 卑尔根工商会（Bergen Chamber of Commerce and Industry）。卑尔根工商会成立于1988年9月，历史可追溯到1845年，现拥有2 800多个会员。卑尔根商会是该地区最大的工商界协会组织，是世界商会组织的成员，其为会员提供多种服务并负责培训外籍员工。

卑尔根工商会在促进中挪经贸合作方面表现积极，效果显著。2006年以来，卑尔根工商会每年轮流在北京、上海、大连和卑尔根等地举行了一系列研讨会和贸易促进活动，推动两国能源、海事和渔业等领域的企业不断增进了解和合作。

联系方式：地址：Olav Kyrresgt. 11，5014 Bergen 邮寄地址：P. O Box 843 Sentrum，5807 Bergen 电话：0047 55 55 39 00 网址：www. bergen-chamber. no

第五章 中国企业到挪威开展投资合作应注意的一些问题

一、投资方面

（一）挪威吸引外资政策

挪威政府主张并实行对外开放的经济和贸易政策，鼓励企业参与国际竞争，同时也欢迎国外企业来挪威投资。外国资本和外国投资对挪威的工业发展一直起到相当重要的作用。挪威政府对外国投资实施国民待遇。外国公司可以在挪威购买股份并成为股东。挪威对外来投资不提供特殊优惠政策，但有相关的贷款等资金支持。对经济欠发达地区，如北部地区，在贷款和税收方面给予支持。挪威政府鼓励外资投向重点：科研信息工程、生物工程等新兴领域，创造新的就业机会、失业率偏高、经济基础比较薄弱的行业或地区。公共事业部门、农业、军工制造等不对外开放。

（二）挪威利用外资情况

在挪威的投资主要来自发达国家，到 2008 年年底，挪威吸引外资 1.7 万亿克朗，主要来自于 OECD 国家。主要投资领域为：油气矿产开采、制造业、金融保险、房地产以及商业服务。亚洲国家中，日本在挪威主要投资石油、金属加工以及木材等行业。新加坡、韩国在挪威投资石油、船舶等。2/3 的外商投资企业位于奥斯陆。

（三）挪威投资环境的主要优势

1. 较发达的市场经济。挪威市场经济比较发达，国民富裕程度高。2008

年，挪人均 GDP 超过 9 万美元，仅次于卢森堡，居世界第二位。尽管挪威不是欧盟成员，但作为欧洲自由贸易联盟（EFTA）成员，挪威通过 EFTA 与欧盟签订的欧洲经济区（EEA）协议，其所有商品均可方便地进入欧盟市场。根据瑞士洛桑国际管理学院 2008 年《全球竞争力年度报告》显示，挪威位居全球经济竞争力排名第十五位（通过经济运行状况、政府工作效率、商务活动效率和基础设施状况四个项目的 314 个指标进行综合量化分析后得出）。挪威在联合国开发计划署（UNDP）"世界最适合居住的国家"评选中曾连续 6 年名列榜首（2007 年被冰岛超过，位居第二。该项调查所考察项目包括各国人均收入水平、教育、医疗卫生和人口平均寿命等多个方面）。挪威政府比较清廉，腐败现象较少。根据国际反腐败非政府组织"透明国际"发表的《全球腐败状况 2006 年度报告》，挪威在全球清廉指数排名榜上名列第九名。（清廉指数评选过程集中了大量专家的观点以及对各个国家公共部门腐败的调查，反映了全球各国商人、学者及风险分析人员对世界各国腐败状况的观察和感受）。在挪威开设公司比较容易，注册费用也较低，商业信誉比较好，经营成本预见性较强。

2. 自然资源丰富。挪威油气、水电、渔业、森林等自然资源丰富。挪威油气储量 132 亿标准立方米油当量，2008 年剩余 84 亿标准立方米油当量。2009 年，挪威是世界第十一大石油生产国、第五大石油出口国和第三大天然气出口国。2008 年挪威油气出口额 1 096 亿美元（6 038 亿挪威克朗），占其出口总额的 50.48%。挪威拥有 83 281 公里的海岸线，北部沿海是世界著名渔场，渔业资源丰富，是世界最大鱼出口国和欧洲最大捕鱼国。挪威水电资源丰富，大约有 4 000 多个河流水系，其河流水系对其经济社会发展都起着十分重要的作用，挪威水电发电量欧洲第一、世界第六。目前挪威平年水利资源 1 200 亿千瓦时，装机容量 2 900 万千瓦。另外，挪威有 455 亿千瓦时水电资源位于永久保护区，禁止开发，284 亿千瓦时计划开发。挪威的冶金行业就是得益于挪威丰富廉价的水电资源。挪威林业资源也较丰富，森林覆盖率为 38%。

3. 具有一些优势特色行业。挪威在油气、造船及船用设备、环保、清洁能源、信息通信、冶金、化工、渔业等领域有其特点和优势。（具体情况见第

二章重点特色产业）

4. 较强的研发能力。挪威政府重视科技的发展和应用，在不断增加政府投入的同时，积极鼓励工商界加大科研力度。为了加速提升本国的自主创新能力，挪威推出了跨政府部门、跨政策领域的综合性科技创新计划，2006 年，16 个部门筹措了 6.5 亿美元用于资助基础研究、应用研究和创新相关的活动。今后一个时期，挪威政府科研工作重点领域是海事、信息和通信技术、医药卫生和能源与环境。斯堪的纳维亚最大的独立研究机构挪威科技工业研究院（SINTEF）、位居世界前 100 名的奥斯陆大学、挪威排名第二的挪威科技大学均具有很强的科研实力。挪威还有 12 个专业科学园区。为鼓励应用新技术，挪威政府还有相应的税收优惠政策。目前，挪威有些科技已居于世界领先地位，如海底石油钻探技术、雷达通信和导航技术、隧道技术、能源和冶金技术、水产养殖技术、船舶建造和检验、生化技术和极地研究等。2006 年，OECD 在《Going for Growth》报告将挪威名列研发和经济增长的第四位。

5. 现代和便捷的交通与通信系统。挪威公路通车里程 9.3 万多公里。铁路网总长 4 087 公里，拥有 55 个民用机场。拥有奥斯陆、卑尔根等港口。挪威信息技术较为发达，政府的目标是近期实现全部人口都可以接入宽带互联网。目前，挪威在很大程度上已生活在无纸化社会中。挪威正继续全力推进"E-挪威 2009"的进展，通过互联网报税、付款、报送文件、查看养老金、病历、税收及子女入学等情况，这为企业节约了大量的人力、物力与财力。

6. 拥有高素质的劳动力。挪威接受教育的人口比例在欧洲排名第二。挪威人大多熟练掌握英语，在适应新技术方面闻名，乐于接受新技术与创新。如挪威人喜欢携带高性能移动手机，对于精巧、轻便移动技术的需求，刺激了挪威公司积极开发相应软件和硬件满足市场需要，这些使挪威成为开发手机技术理想的实验室。

二、贸易方面

挪威主张自由贸易，1974 年，中挪双方成立了双边贸易混委会。自 20 世纪 80 年代，两国签订了一系列协定和协议，促进双方经贸合作。自 2000 年 1

月 1 日起，挪威对我国出口产品无任何数量限制。迄今，挪威未对中国产品发起过反倾销和反补贴立案调查。2007 年，挪威承认我国市场经济地位，2008 年 9 月，双方正式启动自由贸易区谈判。

据挪方统计，2008 年我国向挪威出口商品约 76 亿美元，同比增长13.3%。我国自挪威进口 19.1 亿美元，同比增长 13.2%。我国主要出口产品是纺织品、通信设备、办公设备、电子机械和金属制品。我国从挪威进口主要产品是通用机械设备、鱼和海产品、化工品和特种工业机械和化肥。

挪威人口少，国内市场有限，但我国有关企业可以考虑扩大技术引进特别是进口挪威优势产品，例如油气、海产品、船用设备、金属制品以及太阳能、风能以及节能环保产品和技术。

三、承包工程方面

挪威的工程项目，不论国家投资、地方投资还是私人投资，一律实行公开招标。工程公司招募的外籍建筑工人要和本国工人统一编班作业，所以要求外籍工人具有挪威的工作许可、挪威或欧盟的技术等级证书，并要具备一定的语言交流能力。挪威对工程领域要求较高，海上石油等领域甚至比国际标准要求还要严格。在水电、冶金、化工、隧道、风能等领域，挪威处于世界领先水平，我国有关企业可以探讨与挪威企业合作，发挥各自优势，在第三国开展工程承包合作。这样不仅可以提高我国企业的竞争力，而且可以在合作中学习挪威先进的技术和管理。

四、劳务方面

挪威是个老龄化的国家，劳动力不足的问题正在制约着整个社会的健康发展。2009 年挪威失业率为 3.2%，但如果剔除虚假失业，挪威基本实现全部就业。不仅如此，在一些领域，挪威正面临着劳动力不足的问题，比如信息工程师、医护人员、建筑技工和维修工等劳动力紧缺现象尤其突出。据挪威有关部门估算，近 5 年每年的劳动力缺口约为 3 万~4 万人，到 2030 年将达到 7 万人。

为缓解劳动力市场的严重短缺，保持经济正常发展和福利社会的稳定，挪威政府已开始从国外引进劳动力。按其规定，欧洲经济区（EEA）国家的公民自动享有在挪威定居和就业的权利。非 EEA 国家的公民符合以下条件的可申请挪威的就业和居住许可证：

1. 特殊人才，受过专业教育或具有特殊技能，挪威市场缺乏的人才；工作许可只对限定的雇主有效，每年续签一次，3 年后可申请长期居住权。

2. 季节工，来挪威从事季节性工作，如农业的采摘季节。

3. 家庭成员团聚，在挪威已获得长期居住权的外籍人员的配偶、同居者或 18 岁以下的儿童并在挪威居住满 2 年的。

4. 培训生，根据合同来挪威接受技术培训的，最长为 2 年，不得申请长期居住权。

5. 学生，被挪威高校录取的学生。

6. 保姆，被挪威家庭雇用的家庭保姆，可申请 2 年的暂住证。

7. 短期访问，应挪威人的邀请来挪威并居住在邀请人家中的，可申请 3 个月的工作许可。

2002 年 1 月 1 日起，挪威政府又放宽了对欧盟成员国以外的专业技术人员（skilled workers）来挪威就业的入境管制。具体如下：

1. 专业技术人员入境配额为每年 5 000 人。

2. 专业技术教育程度为中专以上（原规定为 3 年或 3 年以上高等教育）

3. 专业技术人员可先获得为期 3 个月的临时入境签证，以便寻找就业机会（原规定是必须在入境前与挪威雇主签订雇用合同）。

4. 第一次就业签证有效期为 1 年，期满后可以申请延期，满三年可以申请长期居住签证，家属可申请来挪威同住。

5. 获长期居住签证后可申请入籍。

海员劳务市场。挪威是传统的航运大国，据挪威船东协会统计，2009 年挪威船东共有商船 1 774 条，4 800 万载重吨，约占全球商船总吨位的 10%，居世界第五位。船员 57 400 人，其中 41 300 人来自国外。挪威国际商船队是一个对外开放的劳务市场，不受挪威移民政策限制。挪威船东欢迎各国海员通过自由竞争到其船上工作。目前，大约 2 000 名来自中国的船员在挪威商船上工作。

五、其他应注意的问题和事项

在挪威投资合作，存在以下劣势：

1. 挪威地广人稀，市场容量小，辐射带动能力不强。

2. 物价昂贵，劳动力成本高。目前挪威工资水平位居世界收入排行榜第一。2008 年，挪威分行业年人均工资分别为：挪威油气行业 62.4 万克朗，金融领域 57.2 万克朗，制造业 40.4 万克朗，交通运输业 41.5 万克朗。近几年，挪威失业率创历史新低，工资整体水平每年都以 3% 以上的水平增长，2009 年工资增幅达到 4%，2010 年预计为 3.5%。挪威经济发展以及挪威劳动力短缺使更多的公司雇员对薪水及福利的期望值更高。挪威物价水平也名列世界前茅，主要体现在服务业。如维修工作按小时收费，每小时达 800 克朗至 1 000 克朗不等，路上交通计算在内，因此，出现修一扇窗户玻璃 2 000 克朗，修一个电子门锁 1 万克朗的情况。由于劳动力成本高，社会福利好导致竞争压力不大，且劳工法律不允许额外加班等，因此服务行业出现等待时间长、办事效率慢等现象。

3. 申请工作许可困难。在挪威，欧洲经济区国家的公民可享有在挪威定居和就业的权利。非欧洲经济区国家的公民来挪威工作必须是特殊人才（skilled workers），即受过专业教育或具有特殊技能、挪威劳务市场缺乏的人才，在进入挪威工作前需申请工作许可。在挪威从事一般性的加工行业，如果雇请当地员工，成本太高，如果从国内雇请工人，则很难得到工作许可证。在挪威开设公司，挪威移民局将根据公司规模、经营内容、市场情况、发展前景、聘请当地员工等方面情况，进行综合评估后决定是否给予工作许可以及给予多少工作许可。申请工作许可证时间长，程序复杂，在材料齐全的情况下，审批时间为 6 个月至 12 个月。2008 年 4 月份，挪威劳动部出台了劳工政策白皮书，提出要简化一些程序，缩短时间，但具体措施尚未确定。

4. 存在一些非政策因素。挪威在成立外资企业时也有一些限制规定。如在挪威设立有限责任公司，其董事会成员至少有一半以上必须居住在挪威或者是欧洲经济区公民，其目的是为了对企业进行监管，防止不正当经营。挪威还规定，如系上市公司，其董事会成员中至少有40%的女性。挪威对外汇也实施监管，交易必须向央行通报。挪威工会力量强大，在当地聘请员工时对员工的权益要倍加小心。挪威的技术标准、环保标准都很严格，这些也为我国中资机构提出更高的要求。

5. 中西方文化差距很大。由于中挪两国相隔很远，历史交往不多，相对比较陌生。双方对对方文化背景、风土人情不很了解。挪威人工作方式、交往方式、行事准则等与我国有很大的区别，在做生意时需要了解、熟悉与磨合。

我国拟来挪威投资合作企业应注意以下方面：

1. 正确分析市场，合理定位。目前我国企业在挪威投资商业机会较少，投资难度很大，尤其是投资一般性加工企业成功率非常小。随着我国国力增强，企业实力壮大，"走出去"战略的实施以及人民币的升值，将会有更多的中国企业在挪威投资。特别是深圳华为和中兴通讯公司在挪威业务的顺利开展，也为我国中资企业在挪威开拓业务积累了经验，中国企业认真分析自身实力，正确分析当地和周边市场，选准投资领域，合理定位，制定切实措施，则有可能成功。

2. 认真考虑经营成本。挪威实行高工资、高物价、高税收和高福利制度。挪威经营成本中主要有以下几项：住房费用、人力成本、税收、交通、水电费、停车费、差旅费、餐饮费、通信费、维修费、广告费等。在经营活动中，要认真进行成本核算，避免出现亏损。

3. 申办工作许可。要根据公司发展情况，确定从国内聘请人员数以及在当地雇佣的人数，在国内聘请的人员需要办理工作许可。一些拟长期在挪威开展业务的国内公司首先在挪威注册成立办事处、分公司等机构，然后再由该机构申请办理国内公司外派工作人员的工作许可。目前，中兴通讯公司等一些在挪威业务开展顺利的公司采用这种方式。

4. 合理聘请员工。为更好地进入挪威本地市场，在挪威开展业务的公司要考虑实行员工本地化政策，目前中兴通信与深圳华为公司均已在当地雇佣员工。在当地雇佣员工，要严格按照《雇佣法》的相关规定。该法规定，所有雇佣协议必须为书面形式，严禁各种类型的歧视，雇主要为雇员提供良好和安全的工作环境。在聘请员工时，要认真核实工作经历是否符合公司需要，是否有不良行为记录以避免给公司带来不必要的麻烦，解雇员工时更要慎重，遵循相关规定。

5. 注重企业社会责任。挪威十分重视以劳动者劳动环境和生存权利为条件的企业社会责任。挪威绝大多数企业都按照国际通行的企业社会责任条款制定了自己企业的规定，包括社会保障、劳动者待遇、劳工权利、劳动标准和环境保护等方面，对其贸易合作伙伴提出了承担社会责任方面的要求。欧盟委员会对欧洲中小企业的调查显示，挪威中小企业在履行社会企业责任方面做得最好。中方企业也要根据企业社会责任的要求开展经营活动。

第六章　中国企业如何在
挪威建立和谐关系

一、如何处理好和政府与议会的关系

挪威实行三权分立，挪威议会、法院和政府之间相互作用，相互协调，相互制衡。企业要与这些部门保持良好的关系。

1. 及时了解政府更迭和选举情况，洞察最新经济政策走向，寻找商机。

2. 了解政府部门之间的相互关系、职责分工，在做工作时就能有的放矢。

3. 挪威政府部门比较廉洁，信息公开透明，可通过查阅政府各部门的网站以及年报资料等，了解相关信息。可以直接发送邮件或打电话咨询问题，一般都会有及时的回应。

4. 借助中挪经贸联委会平台，加强与挪威政府相关部门的沟通与合作，反映并解决问题。

5. 与使馆保持密切联系，可以通过使馆与当地政府与议会沟通来解决问题。

二、怎样才能妥善处理与工会的关系

挪威工会历史较长，实力强大，绝大多数员工都是工会会员。工会负责与雇主协会洽谈协商会员的福利待遇事宜。雇主解雇员工也要事先通知其所在工会并征得同意。雇员认为自己权利受到损害时，也会通过工会来协调。因此，在挪威中资机构必须要妥善处理与当地工会的关系。

1. 认真学习挪威的相关法律、法规，熟悉工会组织的发展状况、规章制度以及运行模式。

2. 加入当地的相关协会组织。挪威行业协会非常发达，这些协会能最大限度地维护会员利益，帮助协调与工会的关系，与行业工会谈判对话。对于有关需要与工会沟通事宜，我中资机构可以通过行业协会与之协商。著名行业协会有挪威工商联合会（NHO）等。

3. 充分借助律师力量。对于雇员的一些不合理要求，除进行沟通解释外，还可通过律师解决。

4. 对雇员权益倍加小心，在实际工作中一定要遵守法纪，严格按照合同条文以及相关劳动法规办理。

5. 加强与当地工会的沟通，有问题及时解决。聘请工会相关人员进行讲座，介绍相关的注意事项，避免失误。

三、如何密切与当地居民的关系

中挪两国相隔很远，历史交往不多，相对比较陌生。双方对对方的文化背景、风土人情还不是很了解，挪威人工作方式、交往方式、行事准则等与我国有很大的区别。中国企业要尊重当地的文化习俗和文化禁忌，处理好与当地居民的关系。

1. 要学习和了解当地文化和历史背景。

2. 要尊重和友善。挪威国家小，希望得到别人尊重，因此不可表现大国主义。可学习一些常用的当地语言并适时说出来，挪威人会认为得到很大的尊重，有利于密切与挪威人的关系。

3. 了解挪威人的性格特点和处事方式。挪威人非常讲求诚实守信，外表显得严肃拘谨，有点冷酷，而内心厚道，心地善良，乐于助人，只有诚实待人，老实做事，才能赢得当地人的接纳和尊重。

4. 要积极参加社区活动，特别是对社区举办的公益活动，如扫雪、清扫车库、卫生值日、捐款捐物等要认真参加。

5. 挪威人喜欢安静清洁，与挪威当地居民混住一个小区或一栋楼时，要保持安静与卫生，不要乱扔东西，垃圾要分类。

6. 与社区区长或居民楼楼长搞好关系。每个社区乃至每栋楼都有楼长，要与他们取得联系，及时沟通，避免误会。通过参加物业会，及时反映自己的意见和要求。

7. 提高安全意识，关好楼内灯、门、警报器等。

8. 在所住房间外安装卫星设备等影响楼外观的工程时，须通知社区相关负责人。

9. 实现人才本土化。通过聘请当地员工，可以了解更多的动态，并借助本地员工向当地居民传递中国文化。

四、尊重当地风俗应该如何做

尊重当地风俗，可以更好地与挪威人相处，避免麻烦。

1. 认真学习了解当地的风土人情，在工作与交往中就能知彼知已，有的放矢。

2. 尊重当地信仰。挪威98％的人信奉基督教路德宗，要尊重其宗教信仰，平时谈话，特别是如果参观当地教堂和宗教场所要注意言行，保持安静。

3. 挪威妇女地位很高，要尊重女士。挪威女士抽烟是正常现象，切不可对此评头论足。男士在街头带小孩，也不要大惊小怪。

4. 不可做不文明的行为，不随地吐痰，不乱扔杂物，不高声喧哗等。注意排队，不要加塞。行车、乘车、银行办事、商场购物交款、甚至上公共卫生间都要注意守秩序，排队按先来后到进行。挪威重大节日，如国庆日都会有庆典活动，参加活动时要注意自身形象。

5. 挪威不劝酒，因此不必对挪威人强行劝酒。

6. 挪威人时间观念很强，赴约和参加活动一定要按时到达，不能按时到达，要提前打电话通知，到后要道歉。

7. 挪威同性恋结婚是受法律保护，挪威未婚同居等现象也很普遍，对这些行为不必枉加评价。

五、如何依法保护环境

挪威十分重视环境保护工作，一直在环境保护、能源有效利用与开发方面做着不懈的努力，制定了很多环保法律、法规并严格执行。中国企业在挪威投资合作，要依法保护当地的生态环境。

1. 要认真学习了解挪威环境保护的相关法规，实时跟踪其政策的最新变化。

2. 对于可能造成环境污染的项目，要事先进行科学评估，提出解决办法，做好环保预算。

3. 对已出现的环境污染，要尽快处理，并与媒体保持沟通，避免炒作。

六、企业应承担哪些必要的社会责任

在挪威，愈来愈多的企业都把履行社会责任当做它们的自觉行动和持续发展的必要条件。挪威许多知名公司都和挪威相关产业工会及国际产业工会签订了企业社会责任协议，承诺在全球经营范围内履行企业的社会责任，并置于本国和国际工会的监督之下。大型企业如此，中小企业也不例外。欧盟委员会曾对欧洲中小企业调查结果显示，挪威中小企业在履行社会企业责任方面做得最好。

2009 年 1 月 23 日，挪威各相关政府部门联合起草了《挪威企业社会责任白皮书》，并提交挪威议会批准。2009 年 5 月，经挪威议会批准成为挪威国家政策。在白皮书中，挪威政府将通过创新挪威（Innovation Norway）、挪威出口融资公司（EksportFinans）、挪威出口保险公司（GIEK）等国有机构和企业，协助和督促挪威企业在国际化经营中履行社会责任。挪威贸工部、石油能源部、交通与通信部、卫生与护理部、外交部、教育部、司法部、文化与宗教部、地方政府与地方发展部、农业与食品部负责对其管辖的挪威国有控股/参股企业的教育、培训，挪威政府还将建立宣传企业社会责任的网站，并设立投诉点。挪威外交部将设立企业社会责任联络点（National Contact Point），Are-Jostein Norheim 大使等负责牵头其驻外使领馆，为在境外经营的挪威企业提供相关社会责任建议并监督实施。

中国企业在挪威开展投资合作，要承担相应的社会责任。

1. 关注业务发展是否带来资源、环境、劳工、安全以及社会治理等问题，

以免引起当地居民的反感和抵制。

2. 要高度重视劳动保护问题。挪威政府对劳动保护与安全生产有严格的管理规定。《工作环境法》对员工工作环境、休假权、工作时间和超时工作、雇佣和解雇做出了详细规定。中国企业要严格按照此规定实行。

3. 远离贿赂。挪威在对待贪污贿赂问题上采取的是"零宽容政策"，对贪污贿赂等经济犯罪活动采取严格、严厉的措施。挪威当地的合作伙伴也反对贿赂。

4. 注重社会公德。中国企业和工作人员要知法守法，入乡随俗，不做违反当地法律和社会公德的事情。

七、如何与媒体打交道

目前，挪威出版日报60多种，日平均发行量220万份，其他报刊约100种，主要报纸有《晚邮报》、《世界之路报》、《日报》、《卑尔根时报》等，另有挪威通讯社（NTB）以及挪威国家广播公司（NRK）。好的消息会迅速被大家知晓，有利于提高公司的知名度和形象。但同时，在挪威这样小而且透明度又如此之高的国家，一旦出现负面新闻，则迅速被人知晓，后果严重，得不偿失。特别是挪威媒体监督作用至关重要，对商业贿赂等经济犯罪起到重要的威慑作用，几乎所有这方面的案例都由媒体先揭露，然后再由相关部门查证处理。因此，中国企业一定要注意妥善处理与媒体的关系。

1. 对于媒体的采访，要持积极态度，欢迎媒体前来采访，借机提高中国企业公众形象，对记者要尊重。重大事项通知媒体采访报道。平时注意相关资料的整理，做好重大事项口径的准备，及时做好预案。

2. 与挪威当地公关公司和咨询公司合作，请其邀请媒体协助搞好宣传。在重大并购、关系敏感项目以及在遭受不公正的报道时，应注重宣传引导，做好预案。要通过公关咨询公司向媒体发布主导性消息。

3. 加强与使馆的沟通与合作，请其出面与媒体以及相关部门沟通，做好宣传解释工作。

4. 发挥外籍雇员的作用，利用其语言优势，回答相关提问，做好沟通解释工作。

八、如何与执法人员打交道

挪威人办事认真，讲法不讲情，铁面无私，有时给人冷冰冰的感觉。中国企业要了解执法人员特点，学会与其打交道，保护自身利益。

1. 认真学习法律。聘请律师以及劳动法律部门负责人员进行普法教育，让员工了解挪威工作生活所需的法律知识以及应对措施。

2. 聘请专业律师担任法律顾问，及时咨询了解相关信息。通过律师捍卫自身的正当权益。

3. 思想上要重视遵纪守法，不可存在侥幸心理，行动上要自觉。因除警察外，许多挪威人都爱"多管闲事"，尽管于己无关，对于看到其他人的违法行为也主动向警察报告，如闯红灯等。挪威还有许多电子监控设备。因此不要认为没有警察就可以不遵守法纪。所以不可酒后驾车，不可违章停车，不可超速开车。

4. 出门要随时携带有关身份证件（复印件）等资料。护照、身份证件要做好备份留存，以防遗失。营业执照、纳税清单、财务报表等相关资料要妥善保存。要及时记住使馆联系人的电话及应急电话，以备不时之需。

5. 配合查验。遇到执法人员查验时，要礼貌出示证件，回答问题，不可害怕或躲避。语言不通时，请及时与公司联系或与使馆联系。不可与警察争吵，要配合其执行公务。对于出具的罚款单，要妥善保存，作为交涉的证据。如可能，记下警察的联系方式及姓名。但是如果有充足的理由，就可以大胆解释，有的可以事后发函予以澄清。一般情况下就可以解决，如不当罚款等。交涉要有理、有据、有节。

6. 不要行贿。因为如果确实是自身原因，向警察说情通融是行不通的，行贿就更是罪加一等。当然对于经常联系的执法相关部门，年底赠送一些有中国特色的纪念品，如烟、酒、茶叶、挂历还是可以的。

第七章 中国企业/人员在当地
遇到困难该怎么办

一、怎样寻求法律保护

1. 学法用法。中国企业在挪威从事经营活动，要依法成立和登记、依法经营。中国在挪威企业的工作人员要了解当地基本法律规定，学习有关企业经营活动的法律、法规，在发生纠纷时，知道如何通过法律手段解决，维护自身的利益。

2. 聘请律师。由于挪威法律法规众多，纳税、会计、金融等各种规定繁杂，再加上文化和语言的差异，要想全面掌握有关经营活动的法规比较困难。中国企业应当在当地聘请法律顾问，妥善处理经营过程中的合同及财务文件，及时就日常经营活动进行法律咨询。一旦涉及纠纷事务，律师可以及时介入到案件中，以便切实维护企业自身权益。挪中商会董事成员所在的 Advokatfir-maet Steenstrup Stordrange 律师事务所，即是一家信誉良好且愿为中国企业提供服务的律师事务所，其网址为：http：//www. steenstrup. no/1/e/default. asp

二、如何取得当地政府帮助

中国企业在挪威投资合作，要与所在地政府的投资管理、治安、税务等部门保持联系，通报企业发展情况，向其反映企业遇到的问题，争取获得地方政府部门的理解和支持。中国企业遇到难题除了可以寻求我驻挪威使馆的帮助外，也应及时与挪威当地政府联系，以取得支持。

三、怎样取得我驻挪威使馆的保护

【保护责任】中国公民在其他国家境内的行为要受驻在国当地法律和国际法的约束。如果中国公民在挪威的合法权益受到损害，中国驻挪威使馆有责任提供必要的保护。中国驻挪威使馆网址为：http：//www. chinese-embassy. no/chn/

【报到登记】在挪威设立独资或合资企业前，一是征求中国驻挪威使馆经商处的意见；二是企业在挪威当地的登记注册活动要及时通知经商处，其负责人要与经商处保持日常的联络。中国驻挪威使馆经商处网址为：http：//no. mofcom. gov. cn/index. shtml。三是服从领导。遇有重大问题和事件时，在挪威的中国企业要及时向使馆汇报；在处理相关事宜时，要服从使馆的领导和协调。

四、怎样建立并启动应急预案

中国企业在挪威投资，应客观评估潜在安全风险，有针对性地建立内部紧急情况预警机制，制定应对风险预案。重视安全教育，强化安全意识，设专人负责安全生产和日常的安全保护工作；投入必要的经费购置安全设备，给员工上保险。企业的应急预案应与使馆的安全工作相协调，确保有安全问题能第一时间汇报给中国驻挪威使馆。

遇有突发自然灾害或安全事件，应及时启动应急预案，争取将损失控制在最小范围。遇有火灾和人员受伤，应及时拨打当地火警和救护电话；之后立即上报中国驻挪威使馆和企业在国内的总部。

五、其他应对措施有哪些

中国企业在挪威当地投资活动遇到困难，除了诉诸于上述解决途径外，也可以通过挪威当地华人华侨组织及当地友好人士等寻求解决办法。

附件一

DNV 格言：可持续发展和企业责任

比起打车，柏福德（Per Marius Berrefjord）总是选择步行去紧邻北京东三环的办公室。之所以选择步行，他说是因为这种方式更加环保。

"在 DNV，可持续是公司发展的一个主旨。"挪威船级社（以下简称 DNV）高级副总裁柏福德这样说到。DNV 是一家世界领先的风险管理和可持续发展解决方案供应商。

2009 年 6 月，北京 DNV 可持续发展中心开始运营。同时作为该中心总经理的柏福德表示，通过建立这一战略中心，DNV 再次向世人表明了它在加速中国可持续发展方面的强烈愿景和持续承诺。

"在平衡经济、社会与环境发展方面中国正在不懈地努力。中国政府和大型国有企业所开展的项目规模和影响力都非常大。因此，风险也不可避免。我们强烈希望能够参与到北京的相关服务中，这里是这些客户的总部所在地。我们目前收到了良好的市场反馈。"他如是说。

DNV 可持续发展中心目前正与国资委（SASAC）合作开展一个风险管理项目。该项目主要目的是为项目风险分析设计一个优化的决策流程。作为一套科学的决策方法，它将确保重大的投资在进行之前能够通过正规的风险评估得到合理的审查。

目前中心有大约 20 名员工。"我们希望到 2012 年，中心的员工将达到300 名至 500 名。"

悠久历史　根植中国

DNV 是第一批在中国创建公司的外国企业之一。121 年前，也就是 DNV公司 1864 年于挪威成立仅 24 年后，这家年轻的公司就向厦门派驻了第一个来中国的验船师，为中欧贸易船舶提供检验服务。

后来，DNV 在上海、香港和青岛等港口城市设立了办事处，迈出了向中国扩张的步伐。

1978 年，中国实行改革开放后，DNV 在中国的发展重新上路。

如今，中国已经成为 DNV 最重要的战略发展地之一。截至目前，DNV 中国公司的员工已经超过 900 名，建立起的工作网络辐射 20 个城市的 36 家办事处，服务于各类工业，帮助客户实现可持续发展，并且为客户"化险为夷"，将风险转化为回报。

DNV 最初源于造船工业，当时为造出合适的船只设立标准。20 世纪 70 年代，挪威石油行业蓬勃发展，该公司把风险管理应用于海上工业，积累了丰富的经验。今天，DNV 的风险管理服务几乎涉足各行各业。

"我们公司能力强，以知识为本，已经准备好为中国的各种行业提供支持。我们扎根于中国已有 120 年的历史，拥有丰富的经验，并打下了坚实的基础，是中国进行风险管理的最佳合作伙伴。"在 2008 年 5 月举行的 DNV 大中华区 120 周年纪念庆典上，DNV 总裁兼首席执行官亨利克·曼德逊这样说到。

如今，海事仍然是 DNV 在中国的主要业务。2008 年，中国筹建的 102 艘船由 DNV 承揽定级，载重吨位总计达 1 218 万吨。DNV 大中华区的订单由此增长到 451 艘船只，总载重吨位共计 4 130 万吨，在中国区的市场份额超过了 20%。

现在公司与中国船级社（简称 CCS）合办了一所研究所，为中国的造船和海上工业提供研究和技术支持。

当前，能源已经成为中国的战略重点。因此，DNV 更加重视中国的能源领域。公司对中国的风能，尤其是海上风能开发方面的投入正在起步。

"在 20 世纪 90 年代末期，DNV 就开始涉足风力涡轮机安装验证和叶片生产核查。我们发挥海上作业方面的优势，已经在中国风能领域站稳了脚跟。"柏福德说。

公司参与了在中国渤海建立的首个近海风力涡轮机发电塔试点项目。该项目于 2007 年装机完成，已经成功地为中海油的海上油气平台供电。

DNV 还是第一家取得 UNFCC（联合国气候变化框架协议）认证的机构，

可以以第三方指定经营实体（DOE）的身份，对清洁发展机制（CDM）进行认定验证。目前，公司积极参与了中国 CDM 项目的认定验证。

今天，在中国 CDM 认定验证项目中，DNV 占有一半左右的市场份额。"我们会继续扩大规模，拓展服务，深入到现有和未来的志愿计划之中，这也是我们为气候变化所作的贡献。"柏福德说。

公司在中国的社会责任

自 2005 年起，DNV 同挪威和中国红十字会建立了战略合作伙伴关系。按照规定，DNV 会一直帮助吉林省发展水资源项目，提供资金支持。

目前，吉林省有 7 个村庄的 700 户家庭、2 500 人已经从该项目中受益，他们能够饮用清洁的水，并用上卫生设施。

柏福德表示，公司社会责任是 DNV 管理体系和商业文化中不可分割的一部分。支持 DNV 所在社区，做一名优秀的企业公民，这种要求一直列在 DNV 的准则表上。

2008 年四川大地震后，DNV 立刻进行了募捐，并且还和中国红十字会携手合作，重建了一所在地震中严重受损的小学。

（本文转载自《国际商报》2009 年 11 月 27 日第 4 版）

附件二

挪威政府部门一览表及网址

外交部：http：//www. regjeringen. no/en/dep/ud. html？id=833

劳动和融合部：http：//www. regjeringen. no/en/dep/aid. html？id=165

儿童和平等事务部：http：//www. regjeringen. no/en/dep/aid. html？id=165

财政部：http：//www. regjeringen. no/en/dep/fin. html？id=216

渔业和海岸事务部：http：//www. regjeringen. no/en/dep/fkd. html？id=257

政府管理和改革部：http：//www. regjeringen. no/en/dep/fad. html？id=339

国防部：http：//www. regjeringen. no/en/dep/fd. html？id=380

卫生和护理部：http：//www. regjeringen. no/en/dep/hod. html？id=421

司法部：http：//www. regjeringen. no/en/dep/jd. html？id=463

地方政府与地区发展部：http：//www. regjeringen. no/en/dep/krd. html？id=504

文化和宗教部：http：//www. regjeringen. no/en/dep/kkd. html？id=545

教育与研究部：http：//www. regjeringen. no/en/dep/kd. html？id=586

农业和食品部：http：//www. regjeringen. no/en/dep/lmd. html？id=627

环境部：http：//www. regjeringen. no/en/dep/md. html？id=668

贸易工业部：http：//www. regjeringen. no/en/dep/nhd. html？id=709

石油能源部：http：//www. regjeringen. no/en/dep/oed. html？id=750

交通通信部：http：//www. regjeringen. no/en/dep/sd. html？id=791

后 记

《挪威投资贸易指南》介绍了挪威的投资环境及相关政策法规，对中国企业开拓挪威市场可能遇到的问题进行了分析，希望本书能为中国企业"走出去"提供有益的帮助。

本指南提供的信息仅供参考，不作为企业投资决策的全部依据。

参加本书编写的人员：中国驻挪威大使馆经济商务参赞处周萍（参赞）、王彬（二等秘书）、兰乃洪（二等秘书）、丁东兴（三等秘书）、余金保（三等秘书）和于浩龙（三等秘书）。

商务处联系方式：

电话：0047 22449638 传真：0047 22447230 邮箱：commerce@ chinese-embassy. no

挪威国家统计局、创新挪威、奥斯陆投资促进局、挪威海关为本书的编写提供了相关资料。